研学旅行实用教程

主　编　薛兵旺　杨崇君　官振强
副主编　陆庆祥　程　艳　周耀进
参　编　张千红　薛　红　王　瑛
　　　　刘亚玲　李　婷

华中科技大学出版社
中国·武汉

内 容 提 要

本书包含研学旅行基础篇、运行篇和案例篇三大模块,共计九个章节、五大典型案例,是一本极具专业性、针对性和政策性的研学旅行教材,具有理论与实践相结合的特点,是研学旅行"进学校、进课堂、进行业"的首选教材。它既可以作为全国高等学校旅游管理类专业开设研学旅行课程的教材,又可以作为文旅行业开展研学旅行活动的培训教材。本书能够帮助研学旅行工作者提升对政策理论的把控能力,以及在实际工作中的操作能力,从而为我国研学旅行活动的开展培养高素质专业人才。

图书在版编目(CIP)数据

研学旅行实用教程/薛兵旺,杨崇君,官振强主编.—武汉:华中科技大学出版社,2020.2(2020.8重印)
ISBN 978-7-5680-6000-4

Ⅰ.①研… Ⅱ.①薛… ②杨… ③官… Ⅲ.①素质教育-教材 Ⅳ.①G40-012

中国版本图书馆 CIP 数据核字(2020)第 023151 号

研学旅行实用教程　　　　　　　　　　　　　　　　薛兵旺　杨崇君　官振强　主编
Yanxue Lüxing Shiyong Jiaocheng

策划编辑:李 欢　王 乾
责任编辑:王 乾
封面设计:刘 婷
责任校对:曾 婷
责任监印:周治超
出版发行:华中科技大学出版社(中国·武汉)　　电话:(027)81321913
　　　　　武汉市东湖新技术开发区华工科技园　　邮编:430223
录　　排:华中科技大学惠友文印中心
印　　刷:湖北新华印务有限公司
开　　本:787mm×1092mm　1/16
印　　张:11.5
字　　数:276 千字
版　　次:2020 年 8 月第 1 版第 2 次印刷
定　　价:59.80 元

本书若有印装质量问题,请向出版社营销中心调换
全国免费服务热线:400-6679-118　竭诚为您服务
版权所有　侵权必究

前言
Preface

  习近平总书记系列重要讲话精神中要求教育工作者秉承创新、协调、绿色、开放、共享的发展理念,落实立德树人根本任务,帮助中小学生了解国情、热爱祖国、开阔眼界、增长知识,着力提高同学们的社会责任感、创新精神和实践能力。党的十八大报告明确提出:"倡导富强、民主、文明、和谐,倡导自由、平等、公正、法治,倡导爱国、敬业、诚信、友善,积极培育和践行社会主义核心价值观。"我们在研学旅行的社会实践中,要大力弘扬这些思想、理念和精神,把中小学生社会主义核心价值观教育落到实处。

  自2013年《国民旅游休闲纲要(2013—2020年)》第一次提出研学旅行以来,经过三年的试点推行,到2016年教育部等11部门联合发布《关于推进中小学生研学旅行的意见》,研学旅行已成为我国基础教育领域最引人注目的改革焦点和国民旅游领域炙手可热的市场风口。国家不断出台研学旅行政策和相关的规范标准,从宏观层面为研学旅行活动的开展提供了有力保障。通过研学旅行的推进,有利于促进学生培养和践行社会主义核心价值观,激发学生对党、对国家、对人民的热爱之情;有利于推动全面实施素质教育,创新人才培养模式,引导学生主动适应社会,促进书本知识和生活经验的深度融合;有利于改善与提高人民群众生活品质;有利于从小培养学生文明旅游意识,养成文明旅游的行为习惯,帮助中小学生了解国情、热爱祖国、开阔眼界、增长知识,着力提高他们的社会责任感、创新精神和实践能力。

  研学旅行是中小学生校内教育的校外延展,研学旅行要结合各基地资源的优势与特色,根据小学、初中、高中不同学段的研学主题、教学目标和教学内容,为中小学生开辟"游中学、学中游"的研学课堂。把握研学旅行的内涵要关注四个关键点:一是研学旅行必须在中小学生上学期间进行,也就是周一至周五开展研学旅行活动;二是研学旅行必须围绕特色鲜明的主题开发课程和组织研学旅行线路;三是研学旅行要求整年级、整班级开展集体活动;四是研学旅行最好在营地进行,做到集体宿营、集团体验式学习。由此可见,中小学生研学旅行是由教育部门和学校有计划地组织安排,通过集体旅行、集中食宿方式开展的研究性学习和旅行体验相结合的校外教育活动,是学校教育与校外教育衔接的创新形式,是教育教学的重要内容,是综合实践育人的有效途径。

研学旅行让学生放下课本,走出校园,放飞世界,享受出行的快乐,体验研学的喜悦,锻炼健全的体魄。学生用身体行走,用感官感知外部的世界,感知外部世界的鲜活与神奇。学生们在老师的引导下探索大千世界,身心得到充分放松,又获取了知识上的乐趣。据统计,2018年全国义务教育阶段在校生1.50亿人,高中阶段在校学生3934.67万人,如果研学旅行全面展开,那么中小学生将成为中国最大的游客群体。中小学生通过集体旅行、集中食宿方式开展的研究性学习和旅行体验相结合的校外教育活动,实现创新和综合实践育人的目标。

为了进一步推进研学旅行活动的开展,真正让研学旅行"进课堂、进大脑、进教材",为研学旅行实施提供具有专业性、针对性、实操性以及政策性强的通俗易懂的教材,我们组织业界专家、学者编写了《研学旅行实用教程》一书。

本教材既可以作为全国旅游管理类专业学生学习研学旅行课程的教材,又可以作为旅游行业开展研学旅行活动的培训教材,还可以作为广大读者了解研学旅行的通俗读物。希望在我国研学旅行进入攻坚的关键时期,通过学习本教材,能够帮助研学旅行工作者提升对政策理论的把控能力和实际工作的操作能力,从而为我国研学旅行活动的开展培养高素质专门人才。

教育部高等学校旅游管理类专业教学指导委员会委员

湖北省研学旅行协会学术委员会主席

第一主编　薛兵旺

2019年11月

目录 Contents

第一部分 基础篇

第一章 研学旅行理论基础 /3
第一节 研学旅行的教育思想理论 /4
第二节 研学旅行的旅游思想理论 /9

第二章 研学旅行概述 /15
第一节 研学旅行的内涵 /15
第二节 研学旅行的构成要素和实践意义 /18
第三节 研学旅行的起源与发展 /22

第三章 研学旅行国内外现状分析 /28
第一节 研学旅行的国外现状 /28
第二节 研学旅行的国内现状 /34

第二部分 运行篇

第四章 研学旅行课程及设计思路 /45
第一节 研学旅行课程概念与内容 /45
第二节 研学旅行课程主题的提炼 /50
第三节 研学旅行产品的打造 /55

第五章 研学旅行课程开发与评价 /60
第一节 研学旅行课程开发的目标 /60
第二节 研学旅行课程开发的模式 /68
第三节 研学旅行课程体例与案例 /72
第四节 研学旅行课程评价体系 /77

第六章　研学旅行服务机构　/82
第一节　研学旅行服务机构的内涵与作用　/82
第二节　研学旅行服务机构的遴选　/84

第七章　研学旅行基地、营地的建设与管理　/95
第一节　研学旅行基地、营地的概念　/95
第二节　研学旅行基地、营地的规划建设　/100
第三节　研学旅行基地、营地的运营管理　/105

第八章　研学旅行导师内涵与培养路径　/110
第一节　研学旅行导师的内涵　/110
第二节　研学旅行导师的职责与作用　/113
第三节　研学旅行导师的培养路径　/116

第九章　研学旅行的安全管理　/119
第一节　研学旅行安全事故与安全保障　/120
第二节　研学旅行的服务规范与安全防范体系　/123

案例篇　第三部分

案例一　红旗渠——研学旅行别样红　/137

案例二　东方绿舟——素质教育扬帆起航　/144

案例三　黄山风景区——研学旅行走进名山大川　/152

案例四　神农架——动植物生态博物馆　/158

案例五　郧阳恐龙蛋化石群国家地质公园——恐龙蛋及古生物化石研学的宝地　/166

参考文献　/172

附录　/174

后记　/175

基础篇

第一部分

第一章 研学旅行理论基础

◆ 学习引导

　　研学旅行是中小学生重要的学习方式,是近几年基础教育领域的重要变革,对当前中小学进一步落实开展素质教育、补充和完善综合实践活动课程有重要的意义。它是教育与旅游两个领域的融合创新。本章分别从教育理论与旅游哲学理论两个方面,就研学旅行的理论基础进行深入梳理与探讨。中国传统的儒家教育思想、实用主义教育理论、自然主义理论以及休闲教育理论、触文化教育理论等为当前研学旅行的发展奠定了坚实的教育学理论基础;而旅游的本质具有教育人的目的;从旅游资源相互融合之道以及呈现之术中,我们也了解到如何体现旅游资源教育方面的价值。

◆ 学习重点

1. 中国传统教育中的研学旅行思想。
2. 休闲教育理论。
3. 实用主义教育理论。
4. 触文化教育理论。
5. 旅游哲学思想、旅游资源融合之道以及呈现之术。

　　研学旅行是国内基础教育领域出现的一次重要的变革,这不仅仅是国家对中小学校外教育的更加重视,也不仅是对综合活动实践课程的简单补充,它关系到我们对基础教育的重新认识,是对素质教育的一次重要的落实。研学旅行通过让中小学生走出校门,走到广阔的世界中去,在自然、社会、生活等不同环境中接受教育,这体现了对先进教育理念的贯彻,其背后所蕴含的深刻教育思想,也需要我们认真地去挖掘,以更好地彰显研学旅行的意义与价值。同时,研学旅行也是旅游与教育的深度结合,这迫使我们反思旅游的本质,思考旅游的教育价值。本章从教育与旅游两个角度,较为系统地梳理和阐述了研学旅行的教育思想和旅游教育思想。

第一节　研学旅行的教育思想理论

　　研学旅行是行走的课堂，是以教育为目的的旅行，通过旅行的方式，广博见闻，现场教学，强调学以致用和实践出真知的教育理念。研学旅行作为一种校外教育的新形式，我们既可以将其作为中小学生综合实践课程来看待，也可以上升到整个教育理念的高度去认识。

一、中国传统教育思想

　　中国传统的教育思想本质上是一种君子之学、圣人之学，修身养性，并由此达到"齐家治国平天下""学而优则仕"，这是中国传统教育的理念。以儒家思想为基础的教育理念，有着鲜明的实用主义特征。《论语》里所倡导的君子的形象是"文质彬彬"，这是对学习者一种自内而外全面的教养。如何形成君子的修养，就不仅是从知识的角度去衡量，更注重的是"践形"，也就是在身体参与的情况下展现出来的德性之学。"学而时习之"，一个"习"字所传达出来的"践习""实践""践履"的意思，使得儒家的教育观念一开始就带上了浓厚的实用主义特征。

　　孔子带着学生周游列国，虽然有其政治上的辛酸与无奈，但也开启了中国最早的研学旅行教育。举凡山水、风土人情、艺术、政治、社会等等，在孔子那里都能成为教育的场域。面对山水，孔子启发学生要从山水的形态中获得一种道德的力量，"仁者乐山，智者乐水""子在川上曰：逝者如斯夫，不舍昼夜"。面对松柏，孔子说："岁寒而知松柏之后凋也。"孔子还注重在旅行中考察当地的风土人情，"子入太庙，每事问"，在当时最高等级的太庙里，孔子当然不会放过学习的机会，不停地询问，以此来获得周礼的知识。"夫子至于是邦也，必闻其政"，孔子每到一个地方，都会考察探究当地的风土人情以及政治形势。

　　在宋代大儒朱熹看来，大自然就是人类的老师，走到自然当中，人就会学习到很多道理："天有四时，春秋冬夏，风雨霜露，无非教也；地载神气，风霆流行，庶物露生，无非教也。"

　　儒家还特别重视知与行的关系，强调"行"在学习中的重要意义。"行"其实就是"运行、施行、做事"。儒家忌空谈，也反对只学习抽象的知识，而主张将所学运用到实践当中。儒家甚至认为"百姓日用而不知"这种"中庸之德"是最高的人生修行境界。荀子就曾着重强调这种精神："闻之不见，虽博必谬；见之而不知，虽识必妄；知之而不行，虽敦必困。"

　　王阳明认为"致良知"就是要在"事事物物"上磨，也就是说，在做事的时候，人才是在真正地不断学习，也才能学到真正的知识。"知是行之始，行是知之成"。

　　对于儒家的教育思想而言，"游"是一个很重要的概念。游，既有"游戏"的意思，比如孔子对学生讲要"志于道，据于德，依于仁，游于艺"，游也是"玩物"，在玩的过程中涵养道德素养，也就是"玩物适情"。这与我们现在倡导的教育理念"在玩中学，学中玩"非常接近。游戏是学生成长过程中非常重要的手段，一方面，游戏可以让人不至于无所事事，在游戏中培养兴趣，激发学习的动力，另一方面，游戏具有体验性、实践性、趣味性与创造性。运用游戏的手段达到教育的目的,根据游戏的精神去开发活动的课程,这些都应是当前研学旅行值得借鉴与贯彻的内容。

中国古代书院是中国传统教育的重要空间,在书院制的教学场景下,"从游"成为私学教育的一大特色。所谓"从游",就是"跟从游历"的意思,也就是学生追随老师作业,与老师朝夕相处,共同学习,共同游历,在这一过程中分享老师的渊博知识与治学经验,濡染老师的高尚德行与人格风范,使自己得以不断提升。关于"从游"教育,清华大学老校长梅贻琦先生有着经典而贴切的解释,他曾在《大学一解》这篇文章中写道:"古者学子从师受业,谓之从游。孟子曰,'游于圣人之门者难为言'。间尝思之,游之时义大矣哉!学校犹水也,师生犹鱼也,其行动犹游泳也,大鱼前导,小鱼尾随,是从游也。从游既久,其濡染观摩之效,自不求而至,不为而成!""从游"表现了一种独特的教育方式,也是古代师生相处的生动描述。"故君子之于学也,藏焉修焉,息焉游焉。夫然,故安其学而亲其师,乐其友而信其道,是以虽离师辅而不反也。"当今研学旅行于此也当深受启发,研学旅行的过程是师生"从游"的最佳契机。我们不能将研学旅行一股脑交由旅行社或相关组织全部打理,如果有学校的老师、班主任、辅导员全程参与到研学旅行当中,将对师生情谊的培养有很大的好处。

古代书院非常重视游历的作用。元代理学家郑玉主张个体在游历名山大川中感悟历史,激发情怀,壮大志向,"渡淮而北而泛黄河,足以发吾深远之思;登太华,足以启吾高明之见;历汉唐遗迹,足以激我悲歌感慨之怀;见帝城之雄壮,足以成吾博大宏远之器"。所以他在师山书院讲学时,经常带领学生避开市井喧嚣去游历峻秀山川,抛弃理论说教去感悟自然之美、体验行动之乐。

古代书院外出游历的学习体验既避免了枯燥的理论说教,又培养了学生吃苦耐劳、知行合一的良好习惯,获得了事半功倍的教育效果。

二、实用主义教育思想

中国传统教育就是注重实用,不尚虚谈;崇知重行,知行合一。实用主义教育思想本质上不仅是知识的教育,更是素养的教育,培养学生生活、生产的各种技能以及情感素养,以期获得更好的生活、生产的机会。实用主义教育思想认为,与其注重概念,毋宁注重直观;与其注重语言,毋宁注重事实和劳作。西方实用主义的先驱代表拉伯雷认为,教育的目的是实际生活的准备。学生应在实际生活中求知识。如晨夕仰观天体,可知宇宙的广大;就食之际,说明饮食物品的性质,可以获得实用的知识;通学的时候,观察路旁种种植物,可以获得自然科学的知识;于读书之余应做乘马、角力、游泳等练习手足,强健筋肉的运动,并应附带学习种种作业。教师更应常常率领学生观察铸铁、打铜、琢玉等制作金属器具的历程,兼使学生随时留意织布匠、成衣匠、印刷匠的工作。此种教育有三种教育上的价值:①强健学生体格;②丰富学生多方面经验;③增进学生对于产业的兴趣。

美国实用主义教育的代表人物杜威提出"教育即生活"。所谓"教育即生活"是指教育的过程就是生活的过程,学校就是社会,学校应该与儿童生活相结合。而杜威的中国学生陶行知一方面继承了他的实用主义教育思想,另一方面更是创造性地提出"生活即教育""社会即学校""在做中学"。相比起杜威的"教育即生活"而言,陶行知的实用主义教育观强调了学生要走出校园,走向社会,走向大自然,在与外部世界的接触中,边做边学,边学边做。"生活即教育"是要拿全部的生活作为教育的对象。就这一点而言,陶行知的教育理论与实践,对当前研学旅行的发展具有更直接的启发与借鉴的价值。

苏联的苏霍姆林斯基提倡教师要从生活世界的角度去教育学生,"智育是一种复杂的过程,它包括形成世界观信念,使智慧富于思想方向性和创造方向性,而这又跟校内教学教育过程与校外社会生活和谐结合起来的那种个人的劳动和社会积极性处于紧密统一之中"。因此,学生要从劳动、自然、旅行与游戏中获得教育。

近代著名教育家张其昀先生也深谙实用主义教育思想之旨。他提出了教育需要处理好三对关系:①课内与课外;②校内与校外;③学校与社会。他认为学校之内,无处不是教室。校园的建筑、空地以及色彩、光线等都对儿童身心发展有所影响。儿童的活动也不限于校内,须扩展至校外,远足旅行、实地观察等事,均需于校外举行。儿童天性好动,年龄越长大,身体越健康,其对户外活动与校外活动的兴趣,也越浓厚。科学教育必须使儿童与大自然为伍,引起其好奇心,发展其创造力。民族精神教育亦然,以乡里为起点,由爱乡土的心理,扩而充之,而为爱国家、爱同胞的民族意识与民族精神。

同时期的著名教育家陈鹤琴提出了"活教育"的教育观。他认为:"从书本上能吸收的知识是死的,是间接的,而从大自然与大社会获取的知识是活的和直接的。"活教育的课程论并不排斥书本,但是书本应是现实世界的写照,应能在自然、社会中得到印证,并能反映儿童的生活和身心发展规律。要让自然、社会、儿童生活和学校教育内容成为一个联系的整体。他提倡"做中教、做中学、做中求进步"的"活教育"方法论原则。

三、自然主义教育思想

自然主义教育首先重视幼儿的教育,认为幼儿的教育影响其一生。同时认为幼儿含有知识的种子,遵循其生长的规律教育之,就会发芽长大。自然主义教育还认为教育要根据儿童成长的不同阶段进行相应的施教。自然主义教育重视行动,围绕事物为中心,讲究因材施教,注重个性,张扬个性,注重自由。

自然主义教育的代表性人物卢梭,强调感官和心力的自然发达,强调从经验得来的经验才是真正的知识。主张以实物教授儿童,使儿童自己去经验。因此,卢梭提出来自然主义教育的三条途径,即自然、人和事物。这三种教育只有紧密相连,和谐一致,才可能取得好的效果。在《爱弥儿》中,他写道:"我们的才能和器官的内在发展,是自然的教育,别人教我们如何利用这种发展,是人的教育,我们对影响我们的事物获得良好的经验,是事物的教育。"他认为,相对于喧嚣浮躁的城市,乡村大自然的宁静生活更适合儿童的教育。儿童应当到大自然中去观察,在自然中进行学习。卢梭的教育观注重从人的直观性出发,他反对死记硬背与强硬灌输,减少不必要的人为因素,要求受教育者应走向大自然、走向社会,对自然万物进行直接的接触与观察。他自己晚年隐居,每天去大自然中观察植物,获取植物学的知识,堪称自然主义教育的典范。

自然主义教育的巨擘夸美纽斯,在其著作《大教学论》中指出,旧学校的最大弊病是违背自然,用无用的知识填满学生头脑,造成儿童学习时间和精力的极大浪费。他认为,要想改革旧教育,就必须贯彻适应自然的原则,所谓"适应自然",按夸美纽斯的看法,包括两层涵义。

（1）遵循自然界的"秩序"。他认为在自然界存在着一种起支配作用的普遍法则，夸美纽斯称其为"秩序"。他把人们看作整个自然的一部分，因此人的发展以及对人进行的教育应服从于这一普遍法则。

（2）依据人的自然本性和身心发展的规律进行教育。他说："凡事都要跟随自然的领导，要去观察能力发展的次第，要使我们的方法依据这种顺序的原则。"夸美纽斯认为，人生而具有智慧、道德和信仰的种子，但这些种子的发展如何，取决于人所受的教育。所以"实施这种教育的时候不用鞭笞，无需严酷，也不用强迫，尽可以实施得尽量和缓、快乐，尽量自然。正如生物的体格长大，丝毫不要勉强或强迫肢体去伸展一样，因为如果合适地得到食物、照料和运用，身体是会逐渐地、不知不觉地自然生长，并且变强壮的。同样，我主张把养料、照顾和运用谨慎地供给心理，把它自然而然地导向智慧、德行和虔信。"他说："教与学的行动本来是件自然的、令人高兴的和惬意的乐事。自然的事情无需强制。水从山上往低处流无需任何力量，每个生物很容易在其本性喜欢的方向上发展，……鸟儿学飞，鱼学游水，野兽学跑，无需任何强制。只要它们觉得自己四肢强壮，便本能地做这些事情。"夸美纽斯还推崇直观教学，视之为教学的首要原则，"在可能的范围以内，一切事物都应该尽量地放在感官跟前。一切看得见的东西都应该放到视官的跟前，一切听得见的东西都应该放到听官的跟前。气味应当放到嗅官的跟前，尝得出和触得着的东西应当分别放在味官和触官跟前。"这种注重感官直接经验事物以获得知识的教学方法，也可以成为研学旅行遵循的指导原则。

夸美纽斯以适应自然、合乎自然的秩序（顺序）来论证自己教育改革的主张有一定的合理性，反映了他力求摆脱神学，使教育工作科学化的良好愿望。尽管其中有些想法片面、机械，但他的这些见解对我们当今的教育实践不无启发意义。

四、休闲教育思想

研学旅行还是一种休闲教育。休闲是生活中很重要的一项内容，甚至是生活的大部分内容。它关系到人的生活质量以及个体的生活满意度与幸福感。长久以来，在功利主义盛行的形势下，教育成了生存的工具手段，学习工作的技能成为教育的主要目的。这样的教育在一定程度上忽视了日常生活的重要性，尤其是忽视了日常生活中休闲的重要性。一般意义上，休闲就是闲暇的时间，它是主体可以自由支配的空余时间，是人自由表现自我，实现人生价值的重要契机。工作往往仅是生存所需，而并非生活之全部。就人的一天而言，至少有三分之一的时间是非工作时间；就人的一生而言，则超过三分之二的时间都是非工作时间。在非工作时间中，人如何度过时间，并恰当地处理好自我与周围世界的关系，以及人与自我的关系，都是值得受教育者充分重视的事情。

美国著名休闲学者杰弗瑞·戈比认为，成功地使用休闲，有三个重要观念：创造性、学习和乐趣。他积极倡议学生要自由选择去玩、去探索他居住的那片土地，去尝试一门新的爱好。有学者指出，"休闲作为教育的背景"涉及"通过休闲实现的教育"，包括在正规和非正规的学习环境中，如教室、操场、课后活动、夏令营和社区教育项目进行的教育。因此，无论是课内，还是课外，这种休闲教育的理念应该得到普及，而走出校门，发展一种课外旅行的教学活动，无疑是更富有成效的一种教育方式。

休闲教育的缺失导致学生不会正确地利用时间,当闲暇来临的时候,常常感到无所事事;而当从事休闲活动的时候,又会有很多不恰当的选择以及行为发生。休闲教育的缺乏,也导致长久以来强调的素质教育成为一句空话。学生的全面发展也无从谈起。随着人类文明的整体进程发展,物质财富的持续增长,21世纪人类社会注定会迈进休闲时代,这就要求受教育者更加全面、更加理智地去面对生活,能够自由地实现自我的价值。因此,休闲教育课程体系的设置,休闲理念的传输,休闲实践的引导就显得尤为迫切了。

另外,休闲教育除了体现为一种生活的教育,同时也体现为教学方法的革新。休闲是一种价值,是成为人的过程;休闲还意味着快乐(富有情趣)的体验。这种体验的特征反映在教育领域里,则是"寓教于乐"的教学方法。

研学旅行通过精心设计课程,引导学生走出校园,走向社会,以一种旅行的方式感知周围的世界。这种教育形式就是一种休闲教育,它能让学生学习旅行的经验,并在充满体验感知的过程中获得成长的快乐。

五、触文化教育理论

当前中小学教育面临的一个很重要的问题是学生感官的钝化。感官的钝化是表象,背后反映出来的是学生想象力、情感力的缺乏,表现在与人交往中沟通能力的欠缺、对周围世界的兴趣缺乏、探索未知的动力不足、生活的热情不高、对自然的漠然等。感官钝化的学生,有可能理性很发达,运算推理等也很强,考试也不差,多数情况下在老师、家长面前表现的很乖顺,但从长远来看,是学生的创新能力、活力都低下。整个生命可谓殊乏情采,略显呆蛮,令人痛心!

这些问题突出表现在学生的感官的弱化。

所谓感官的弱化,指的是学生的眼睛、耳朵、舌头、鼻子、身体等运用得太少。有人会反对说,中小学生的眼睛、耳朵不是每天都在用吗?其他的感官也都在发挥作用呀!不错,这些感官每天似乎都在用,每一个正常的中小学生都是每天在看、在听、在用身心察觉世界。但是我们所说的感官弱化是指一方面所感并非所触,另一方面感觉用得太少。

先不说眼与耳。在整个基础教育阶段,由于学生绝大多数时间都是在校内接受应试教育模式,全方位感知世界的机会很少,特别是属于被动感知的舌头、鼻子、身体等感知形式单调,很多时候属于闲置状态,学生很少有机会主动用舌头、鼻子、皮肤去感触外界。因为毕竟在教室上课、做题时,嗅觉、味觉、触觉等是派不上用场的。久而久之,这些感觉自然会钝化,驱动这些感觉的内心力量也会变得很微弱。

即便是眼睛与耳朵,其所感并非是其所触,也就是说学生每天都会看、听,但其看与听的内容、对象绝大多数是枯燥乏味的文字、数字以及教化的声音。看到的都是非常表面的东西,此时大脑就会很费力地去理解、推算,眼睛(包括耳朵)仅仅成了学生学习的工具性器官,而非目的性器官。我们不会很在意眼睛与耳朵本身的感受,我们更在意的是通过眼睛、耳朵,学生是否记住了、理解了。

学习当然离不开人对知识的记忆与理性的推算,但学习最终是要落实到人的完整生命体验上来。正如古人所说的"修身养性",修身,无非就是动容周旋、言谈举止的止于至善、恰到好处,是一种文质彬彬的君子之风。这不仅仅是一种道德意义上的学习,也是对人的整体生命展现的化育。心的敏锐感受力，也就是养性，用现在的话来说，就是"核心素养"的习得。

对于中小学"触"教育的缺乏，或者"触官"训练的缺乏，我们现在所要做的，就是补足触的教育，推行触官的课程训练体系。

长久以来日趋僵化的应试教育模式，已经让国家教育管理部门、教育实施部门充分意识到了它的危害。事实上，20世纪80年代，从国家层面开始就素质教育或者全面教育进行了多次呼吁与推动。90年代的中后期，素质教育相关的国家文件正式被制定。综合实践课程也从21世纪初被提出并被推行。然而，我们知道应试教育之所以声势浩大，根本原因是升学模式没有实质性改变。我们一方面高喊素质教育，一方面又在高考改革上缩手缩脚，这就导致了素质教育在大多数地区学校有名无实，成为可有可无的装饰品。甚至有的地方打着素质教育的旗号，大搞课外培训与辅导，反而进一步加重了学生的负担，其破坏性与消极影响比素质教育提出之前有过之而无不及。

综合实践课程的推出，是落实素质教育的重要举措，然而，由于综合实践课程自身的特点与课程标准要求，实际上要么一些学校不开设这样的课，应付了事，要么就是改变一下上课的地点，转换一下教学的方式，此举固然对于学生的能力、素养的拓展提升有所帮助，然而，由于基本的应试教育模式没有发生根本改变，综合实践课程的教学模式相对固化与呆板，甚至应试教育的一些观念渗透进综合实践课程教育当中，使综合实践课程教育呈现为披着素质教育、综合实践教育的外衣，做应试教育的事情，这种现象屡见不鲜。

传统的应试教育本质上是身心分离、重心轻身的教育，综合实践课程应该重在身心综合发展，强调身体学习的重要性。而教育部推出的研学旅行政策，规定将研学旅行纳入中小学教学计划，应该是解决这一问题的一剂良药。因为，无论我们对研学如何理解，走出校门、在旅行中学习是没有歧义的，也是学校开展这一门课程的本质性规定与约束。只要是旅行，身体，也就是各种触官就派上了大的用场。研学旅行就是立足于身体学习、立足于触文化理念的一门校外综合实践课程。

第二节 研学旅行的旅游思想理论

研学旅行作为一种旅游新业态，属于教育旅游的一种形式，也即"教育＋旅游"。是学校教育与校外教育衔接的创新形式，是教育教学的重要内容，是综合实践育人的有效途径。这种教育旅游由来已久。

一、旅游哲学思想

从本质上看，研学旅行是一门校外综合实践教育课程；而从外在的形式上看，研学旅行也是一次有组织的学生集体出游。学生在学校里按照传统的教育模式学习，犹如关在笼子里的鸟，自由的天性得不到充分的施展。一旦走出校园，来到广阔的自然与社会的空间，走出自己熟悉的校园，去往一个陌生的异地空间，那就恰如陶渊明在诗里所描绘的"久在樊笼里,复得返自然"。研学旅行固然不等同于旅游,但旅游的一般哲学价值,也在某种程度上给研学旅行带来很多启示。

旅游是个体出于对诗和远方的向往,从而带动身体的行动,实现对异地风土人情的欣赏与体验。爱好旅游的人,往往体现出积极的生活态度,敢于挑战未知的精神气质以及求变求新的价值取向。一个良好的旅游过程能够给旅游者的整个身心康健带来益处。"旅""游"二字均表示了一种动态的行为,可以说,旅游活动的诞生标志着一种新型人类运动方式的出现。其他运动大都以运动带动心理,而旅游则是以心理带动身体的运动,旅游的驱动力来源于旅游者的"求变"心理。在游山玩水之间,运动使旅游者的身体得到了锻炼,同时旅游的过程又填补了旅游者内心的缺失,使其获得心理的满足感。所以,从古至今,那些醉心山水、爱好旅游的人,大都健康长寿,身体和精神都保持着良好的状态。古代旅游时期,文人墨客纵情山水,陶冶情操,磨练体质;近代旅游时期,长期受困于机械化生活的人们在大自然中徜徉自我,释放压力;到了现代旅游时期,旅游的康体价值更是成为人们的共识,在当今社会,通过旅游活动,旅游者释放压力,享受和谐的人际关系,从而调节身心,使机体获得再生产的能力。

目前中小学生的身心健康令人担忧,部分学生体能素质指标持续下降,城市中超重或肥胖学生数量大幅增加,部分地区中学生视力不良率已超过三分之二;面对过重的课业负担和压力长期得不到有效疏导,学生产生了各种各样的心理障碍,甚至酿成了许多难以挽救的心理疾病。研学旅行让学生放下课本,走出校园,放飞世界。出行的艰辛与快乐,多少给中小学生带来了身体上的锻炼以及精神上的放松与愉悦。如果说在校内,学生们用的最多的是大脑,那么在研学旅行途中,学生们用的最多的就是身体。用身体行走,以身体的感官去感知外部的世界,去感知外部世界的鲜活与神奇。在行走的过程中,同学们在老师的引导下,结伴而行,好奇地探索周围的世界,身心在充分放松的同时,也获取了知识上的乐趣。

研学旅行作为一种旅游新业态,属于教育旅游的一种形式。教育旅游指的是以教育为目的的旅游现象,其游客主体以学生、科研人员为主,一般大众也多有参加教育旅游者。教育旅游作为一种以教育为目的,集教育和旅游为一体的旅游形式,最早可追溯到我国的"读万卷书,行万里路"的游学传统(也即研学旅行),以及中世纪欧洲的大旅游传统。而现代意义的教育旅游最早起源于20世纪70年代的丹麦,随后在欧美得到长足的发展,我国现代教育旅游起源于20世纪90年代初期,发展迅猛。

旅游的教育功能主要是通过"习得"机制完成旅游过程中信息的获取。"习得"有多种概念的界定,从心理学角度来理解,"人类文化作为一种客观的社会存在,它们在被主体消化、积累、运用乃至创造性的发展过程中,人格的心理特性和心理构造得以发生、发展"。斯蒂芬·克拉申认为"习得"以强调外在因素为主,是机体非主动地、自然而然的学习过程。至于正向信息,结合牧口常三郎的正负价值理论,所习得的能够有益于生命延长的信息可以称之为正向信息。由此延伸至旅游可以发现,旅游的过程也是信息习得的过程,这是由旅游的本质决定的。"求变"心理驱动的旅游行为必然会让旅游者接触到异于惯常的环境,置身于充斥着新信息的新环境,旅游者很容易在潜移默化中感受并接收这些信息,进而消化、吸收乃至运用。

人类从旅游活动中习得的最原始的正向信息是生存的技能。在以求生存为主要目的旅游萌芽时期和古代旅游时期,旅游者们在艰辛的"旅游"过程中习得了在恶劣环境下生存的技能,从而使生命得以延长。随着旅游活动经济成分的弱化,旅游带给人类的正向信息日趋丰富。异地的文化交流令旅游者开拓视野、增长见闻;自然山水和名胜古迹让旅游者感受美、认知美并学会鉴赏美。最终,这些正向信息融合于旅游者的身心,增知长智,活跃思想,甚至转化为生产、创造的灵感来源:司马迁游历神州天下,才有《史记》的博大精深;徐霞客游历大江南北,才成就奇人奇书之伟业;李白、杜甫浪迹天下,方有"惊天地、泣鬼神"的传世佳篇。凡此种种,不胜枚举。人类历史上许多智慧的结晶都与旅游有着密不可分的关系,旅游正向信息的习得对旅游者的知识积累具有重要意义。

二、旅游资源的融合之道

任何一个基地,其资源禀赋都是有所侧重的,有的侧重自然、有的侧重科技,有的侧重人文历史等,有的基地资源相对单一,有的则比较综合。无论是单一型还是综合型,我们建议景区基地都需要对资源进行深挖细研,进行内涵式发展。因为,中小学生集体走出校门,来到基地开展研学旅行活动,不是来看基地的高楼大厦,也不是看基地宾馆餐厅路面修的多优良,而是来学习知识、开拓眼界、培养综合素质的。有不少景区基地盲目扩张发展,喜欢在外延方面对景区进行大手笔的建设,下手快,出手狠,效果差。投资很大,又没有精细化的规划论证,全凭拍脑袋,注重表面效果,盲目照搬跟风,对自己的基地景区没有进行深入挖掘研究,结果既失去了特色,又失去了机遇。

景区的建设与发展,尤其是向研学旅行基地转型的景区,首先需要对所在景区的资源进行更加深入系统地梳理,并相应地进行优化提升。研学旅行,对于传统的景区而言,就是一种深度旅游的产品。研学旅行对于景区资源禀赋的独特性、典型性、知识性、系统性等要求是比较高的。如果想接纳研学旅行的中小学生,承接中小学校研学旅行的教学活动,景区基地一定要在这四方面去提升自己的资源的优势与竞争力。

所谓的独特性是指"人无我有,人有我特"。这里的"特",一定是要从教育的角度来阐释它的独特性,而不是一般意义的旅游资源的独特性。因为针对研学旅行,有些旅游资源虽然有非常独特的一面,但资源的内容与表现,尚不足以适合中小学生接触,或者超出了中小学生学习的范围。比如一些博彩业、赌城类的旅游目的地、景点,大多数寺庙宗教景区等,还有富有历史争议的近现代历史文化景区。这些景区虽然资源具有特色,也有很丰富的历史文化内容,但因为其所呈现的内容与学生的校内课堂及教材无法统一衔接,很多地方具有争议性,因此此类基地景区就不适合开展中小学研学旅行活动。

有特色的基地一般善于寻找与同类基地之间的差异。差异化发展既能突出自身特色,也会避免同行恶性竞争,找到属于自己的生存之道。差异化的打造,可以从无形资源与有形资源两个角度去探索。

无形资源,诸如基地的主题主旨、品牌形象、故事传说、文化精神、运营理念等。这些无形的资源是研学旅行基地的内涵与灵魂,是基地建设与发展的核心与关键。无形资源的挖掘凝练与提升,一方面要结合基地的历史与现状,以及未来的发展预期,另一方面还要研究透中小学教育教学结构、六大核心素养养成等。这样可以非常有效地将基地的教育内容与中小学的教学计划有机地衔接起来。

有形资源则包括基地的山水自然、庭院园林、历史建筑、功能建筑、雕塑、文物等。这些有形资源构成了基地的空间形态。由有形资源所构成的空间形态,是中小学生离开校园,到达目的地后最为直观的体验。学生长期在校园内学习与生活,校园的空间感是相对独立封闭的环境,充满了学习的压力、空气的沉闷、生活的单调。有很多研究者甚至认为,学生走出校门,走向外面的世界,只要保证安全有序,本身就对学生们是巨大的好处。换了一个不同的空间,空间的特征完全不一样,那种山明水秀,高楼大厦,鸟语花香,都是非常鲜活真实的世界。学生们暂时放下了课本,摆脱了老师的宣教,用自己的身心亲自去捕捉生命的信息、社会的信息、自然的信息、世界的信息。学生们对世界的体验,看待世界的视角就会不一样,就会因研学旅行而获得丰富与开拓。

所以,我们的基地在对有形资源进行整合打造与提升的过程中,一定要认识到空间感的重要性,也要知道空间感对于学生的体验与印象,甚至比老师给他们再讲解一番更强烈。有好的空间感、空间体验,相比起校园的逼仄的空间,有让学生们印象更深刻的另一种空间体验,这是研学旅行的一个好的开始。这个空间感让学生充分地释放了身心的疲乏、紧张、涣散,这就为后面高质量地有序开展研学旅行课程活动,铺垫了一个好的基础。

所谓典型性,也就是基地或景区的研学资源类型具备这一类型的标准形式。同一类型(同质型)的资源,往往有很多。区域性的研学旅行的学校,不可能每个基地都去研学。在选择研学基地的时候,学校或研学旅行组织服务机构,一般会选择某类研学主题的具有典型特征的基地。这就要求致力于开展研学旅行的基地,将手上的无形资源与有形资源进行典型化打造。

所谓知识性,是指基地或景区的研学资源要体现知识的含量、教育的意义。目前很多基地景区之所以内涵建设滞后,很大程度上是在资源的知识性上挖掘得不够,体现得不全面、不深入、不系统。事实上,一个知识含量高的景区,对于开展研学旅行更是具有得天独厚的优势。一座博物馆、一个酒厂就比一个游乐园更适合成为研学旅行目的地。

所谓系统性,是指景区资源的不同层次、不同环节、不同因素可以围绕一个或若干主题,进行有机的衔接与整合。景区的资源分为有形资源与无形资源,有形资源又可以分作很多种,在资源与资源之间,有没有一个主线来贯穿,有没有共同的主题来引领,资源与资源之间是否存在一个有机的内在关联。其实,这个主线、主题、内在关联,就是所谓的无形资源。基地资源的系统性,也就是基地的无形资源与有形资源之间的关系。

三、旅游资源的呈现之术

研学旅行基地景区的资源打造,即基地景区内涵式发展常呈现为盲目无序、混搭肤浅的特征。还有的基地景区要么只侧重强调基地的实践性、体验性、趣味性、互动性特征,而弱化知识性、学术性等特征;要么强化知识性、学术性,而弱化实践性、体验性、趣味性、互动性。而如果将知识性、学术性、实践性、体验性、趣味性、互动性有机整合在一起,也很难有指导性的标准。在这里我们尝试提出一套"下学上达、本末一贯"的研学旅行资源的"立体呈现"模式,从"道—学—术—物(器)"去构建一个完整的研学旅行课程资源体系。从这样一个完整的体系出发去规划基地的研学资源,开发研学课程,可以有效对应中小学生六大核心素养,形成一个容易操作的参照模型。

所谓"道",就是理念、理想、情感等。这个应该成为研学旅行的核心。校园内的教育多以知识性的系统教育见长,而学生的世界整体感知与全面素养,则需要"行万里路"。尤其是对学生的世界观、人生观的教育,如果仅仅是说教而没有真实的生活体验,就不能形成稳固而鲜活的世界观、人生观。研学旅行基地景区应该充分发挥校外教育的优势,将理念、理想、情感教育放在重中之重的位置,从而最大可能地形成对校内教育的有益补充。无论是大好河山,历史人文,还是生产科技,都需要提炼出"道",让学生通过校外空间的身心游弋,通过自然山水、历史人文、科技游乐的观察、互动体验感受到基地所呈现与表达的理念教育。

所谓"学",就是知识性的探求,或者是对"道"的学术性、知识性的探究。正所谓人不学不知道。校内的教育,是书本上的教育,是从书本上学习间接的知识,更多的也是被动地接受。所以,校内教育的知识性学习,使学生倍感压力,且内容抽象乏味,学生学习到的知识不鲜活。校外的研学基地则多是现场实景,甚至很多基地景区可以作为学生校内课本的印证或延续。如果说校内的知识性学习靠的是大脑,校外的研学旅行教育则主要通过身体来进行认知,也叫做具身化认知,或具身化学习。通过调动"眼、耳、鼻、舌、身、意"六触,全方位、全身心感知研学对象,获取直接的知识,这是研学旅行身体性学习的重要特点。所以,基地景区研学资源的规划打造,就要遵循其具身化学习的特点,对于六触都要有所引导,有所涉及,呈现给学生鲜活而全面的研学知识。要让学生用眼睛去分辨,用耳朵去倾听,用鼻舌去感受,用发肤去触动,用心灵去感悟,解放大脑,激活身心,以最自然、最生活化的方式学习至深的道理,探索宇宙万物的规律。

所谓"术",就是手段、方法、途径、技巧。景区基地作为研学旅行的目的地,需要面向教育系统来宣传基地的教育资源、课程教材、产品优势以及相关服务与安全保障。常言道:是金子总会发亮,酒香不怕巷子深。好的景区在吸引一般游客方面,有比较大的优势,加之传统的宣传引流渠道比较成熟,学校在开展研学旅行教学的时候,也会优先考虑到这样的成熟景区。但是,研学旅行不是旅游,成熟的旅游景区不一定就是合格的研学旅行基地。首先,基地有没有规范的研学旅行课程;其次,有没有适合一定规模的中小学生开展活动的场地,以及基地的资源是否适合规模以上的学生集体研学;再次,基地的食宿条件是否满足研学旅行学生的要求;此外,是否具备合格的研学旅行导师及相应的辅导团队;最后,安全保障体系是否具备。以上这些软硬件条件,对于绝大多数优秀的景区基地都是有困难的,更不用说那些一般的景区。所以,如何对教育系统进行有针对性的宣传与沟通,是广大的研学旅行景区基地需要重点思考的。基地要编写研学旅行课程与教材,以表明基地资源建设的教育价值。这些教材或课程可以出版,也可以分发给学校、旅行社和研学旅行服务公司。课程的开发是研学旅行基地建设的核心与基础,学校一般不会也不能去开发课程;旅行社或研学旅行公司或许可能因为利益的需要主动开发某个基地的课程,但也只能是有选择性的。大多数基地一定要主动地去开发课程,并进行宣传。

有的基地尝试虚拟现实技术的"互联网+"研学旅行平台,使学生做到游前预习、游中深度体验与导览、游后复习,并且基于学生的学习情况设置了系统的考核体系。将平台的链接群发至全国的中小学系统以及研学旅行公司群,可以让学校的领导与老师身处异地,即可逼真体验基地的软硬件资源以及接纳研学旅行的实力;运用这一平台还可以非常便捷且专业地对研学旅行全过程进行记录、监控与考核反馈。

所谓"物",也叫器物,一般是指景区基地可供中小学生研学的资源,多指有形的资源,比如文物、建筑、自然山水、工艺器物等。"形而上者谓之道,形而下者谓之器"。中国的文化讲究"道器一贯",中国的教育又讲究"下学上达"。这一方面是说一些大道理、知识,都不是抽象的,也不是停留在口头上的说教,而是要下贯至生产生活中方方面面,大到国家的典章制度,小到人的衣食住行。道要下贯到器中,就是要求知行合一,真行才是真知,在做中学,在学中做,多动手,多体验,少空头说教。王阳明所谓:致良知要在事事物物上磨。研学旅行过程中,要充分重视"器物"的作用和利用,学生要通过对器物的身体知觉而将深奥的知识与文化观念了然于心,而非过分动用脑力进行死记硬背强制灌输。

反过来,那些以器物的展示、展览、表现为优势的景区基地,则要充分挖掘并激活器物本身的文化内涵,也就是器物之道。中国文化讲"下学上达",也讲担水砍柴,无非妙道,中国几千年的文明史,最有说服力的就是世世代代流传至今的众多器物。朱熹曾说"玩物适情",器物可蕴含的东西太多了,比如科学、技术、礼制、民俗、伦理、哲学(世界观、人生观)、历史等等。通过对器物的观摩、使用、互动体验,我们可以让学生更容易接触更广泛的知识,悟得更深刻的道理,也会让研学旅行变得生动有趣,令人印象深刻。

思考与练习

1. 中国传统教育思想中哪些与当今研学旅行有关?
2. 为什么说休闲教育与研学旅行是相关联的?
3. 怎样在研学旅行中体现实用教育理论呢?
4. 触文化理论对于当今教育的启示有哪些?
5. 谈谈旅游与教育的关系。

第二章 研学旅行概述

◆ 学习引导

研学旅行继承和发扬了中国传统游学与修学的教育理念和中华民族"读万卷书,行万里路"的人文精神,促进了书本知识和社会实践的深度融合,推动全面实施中小学生素质教育。本章从研学旅行的内涵出发,结合最新政策文件精神,就研学旅行的概念、研学旅行的意义、研学旅行的特点、研学旅行的本质、研学旅行的历史渊源等内容做了深入分析与解读。

◆ 学习重点

1. 研学旅行概念与特征。
2. 研学旅行的类型与周期。
3. 研学旅行的构成要素。
4. 研学旅行的起源与发展。
5. 研学旅行的意义。

研学旅行继承和发扬了中国传统游学与修学的教育理念和中华民族"读万卷书,行万里路"的人文精神,成为中小学生综合素质教育的新内容和新举措。广大中小学生基于自身爱好与兴趣,从自然科学、社会知识和生活常识等知识领域选取研学内容和课程,在研学导师的组织与指导下,做到"游中学、学中游",促进书本知识和社会实践的深度融合,推动全面实施素质教育。本章从研学旅行的内涵出发,结合最新文件精神,就研学旅行的概念、研学旅行的意义、研学旅行的特点、研学旅行的本质、研学旅行的历史渊源等内容做了深入分析与解读。

第一节 研学旅行的内涵

研学即研究性学习,国际上统称为探究式学习。研学旅行是研究性学习和旅行体验相结合的校外教育活动,是学校教育和校外教育衔接的创新形式。

一、研学旅行的概念

在国内"研学旅行"这一概念没有提出以前,学者研究最多的是修学旅游。胡亚琴、陈非(2009)就修学旅游进行相关阐释,认为修学旅游是以专题为目标,以在校学生为主体,以教师等其他人员为补充,以增长技艺、知识为目的的一种专项旅游活动。从修学旅游的基本功能特征出发,强调修学旅游是以提高国民素质为主旨,以一定的修学资源为依托,以特定的旅游产品为载体,以个人的知识研修为目标,以旅游为表现形式的市场化的专项旅游项目。然而,这一时期的研究侧重于将修学旅游视为一项旅游活动而非一种教育产品。

当研学旅行的概念刚刚提出的时候,研究者才逐步转向旅游是手段、教育是目的、"游中学、学中游"这一研究视角。朱立新(2014)认为,广义的研学旅行就是指以研究性、探究性学习为目的的专项旅行。丁运超(2014)认为,研学旅行是一门以学生为主体,以发展学生能力为目标,在内容上超越了教材、课堂和学校的局限,具有探究性、实践性的综合实践活动课程。

目前研学旅行的概念在学术界还没有完全统一定义。2013年国务院办公厅发布了《国民旅游休闲纲要(2013—2020年)》,在纲要中正式提出了研学旅行这一概念。2016年11月30日,教育部等11部门在《关于推进中小学生研学旅行的意见》文件中,对研学旅行进行了释义:中小学生研学旅行是由教育部门和学校有计划地组织安排,通过集体旅行、集中食宿方式开展的研究性学习和旅行体验相结合的校外教育活动,是学校教育与校外教育衔接的创新形式,是教育教学的重要内容,是综合实践育人的有效途径,并首次提出将研学旅行纳入中小学教育教学计划。

2016年11月,教育部在《中小学德育工作指南》中指出,要坚持教育与生产劳动、社会实践相结合,坚持学校教育与家庭教育、社会教育相结合,不断完善中小学德育工作长效机制,全面提高中小学德育工作水平,为中国特色社会主义事业培养合格建设者和可靠接班人。

理解研学旅行的内涵要关注四个关键点:一是研学旅行必须在中小学生上学期间进行,也就是周一至周五开展研学旅行活动;二是研学旅行必须围绕特色鲜明的主题来开发课程和组织研学旅行线路;三是研学旅行要求整年级整班级集体研学活动;四是研学旅行最好在营地进行,做到集体体验式学习。

二、研学旅行的特征

研学旅行强调的是"读万卷书,行万里路""游中学、学中游",促进书本知识和社会实践的深度融合,其具有如下特征。

(1)校外活动。研学旅行强调的是学生走出校门去学习,学生在校内开展的一些兴趣小组实验、俱乐部活动、体育活动、校园文化活动等均不属于研学旅行的范畴。

(2)主体固定。研学旅行的主体是青少年学生,青少年学生是开展研学旅行的核心要素。在进行研学旅行前期设计、课程开发、服务机构与研学营地基地选择时,都要结合青少年学生的兴趣爱好和身心特点,对研学内容、时间安排、活动距离、线路规划等进行充分考虑。

(3)目的明确。研学旅行围绕特色鲜明的主题来开发课程和组织研学旅行线路,具有明确的主题特征和目的性,是学校教育与校外教育衔接的创新形式,要根据中小学生群体的年龄和受教育程度的不同,分别设计不同层次的研学旅行产品和课程,小学生研学旅行活动主要以乡土乡情与城市文化为主,初、高中生研学旅行活动以省情国情为主,从而达到综合实践育人的效果和目的。

(4)学校组织。研学旅行主要是由学校组织的集体研学活动,不同于家长自发组织或其他社会团体组织的群体活动,研学旅行是以年级为单位或以班级为单位,乃至以学校为单位进行的集体活动,是学生在研学旅行导师的带领下一起"游中学、学中游",从而实现共同体验、相互研讨的一种教学方式。

(5)产品多样。随着研学旅行不断完善和深入,研学产品越来越多元化,除了以知识科普、自然观赏、体验考察、励志拓展、文化康乐为主的研学旅行产品频频出现外,以现代动漫、影视、体育、科技、文学、历史、生物、探秘等为特色的研学旅行正成为热点。

(6)互动体验。研学旅行在学习过程中强调学生必须有体验和互动,不是停留在看一看、玩一玩的"走马观花"形式上,而是要有动手制作、动脑思考、动口表达互动的机会。由此,研学旅行活动的开展应该让学生全程真正参与其中,寓教于乐,寓乐于教。

(7)多方支持。开展研学旅行是一项系统教育工程,需要社会多方积极配合和整体推进,既有国家宏观层面的政策支持、中观层面的学校与行业的支持,还有微观层面的专业服务机构与企业的支持。只有多方联动,研学旅行才能实施好"游中学、学中游",促进学生书本知识和社会实践的深度融合。

三、研学旅行的类型与周期

(一)研学旅行的类型

研学旅行是中小学生校内教育的校外延展,研学旅行需要根据小学、初中、高中不同学段的研学主题、教学目标和教学内容,要结合各基地资源的优势与特色,为中小学生开辟"游中学、学中游"的研学课堂。

根据原国家旅游局发布的《研学旅行服务规范》对研学产品以资源类型加以分类,可分为五种类型,主要有自然观赏型、知识科普型、体验考察型、文化康乐型、励志拓展型等类型。

(1)自然观赏型。主要包括山川、江、湖、海、草原、沙漠等资源。

(2)知识科普型。主要包括各种类型的博物馆、科技馆、主题展览、动物园、植物园、历史文化遗产、工业项目、科研场所等资源。

(3)体验考察型。主要包括农庄、实践基地、夏令营营地或团队拓展基地等资源。

(4)文化康乐型。主要包括各类主题公园、演艺影视城等资源。

(5)励志拓展型。主要包括红色教育基地、大学校园、国防教育基地、军营等资源。

以上是以研学基地的类型进行分类,对于学校和教育机构而言更多是从学生教学课程内容出发加以分类。研学旅行的产品按研学课程分类，可以分为自然类、历史类、地理类、科技类、人文类、体验类等课程，如湖北省十堰市郧阳区青少年活动中心集合优质的研学课程资源，依托完备的场馆设施，结合小学、初中、高中不同学段及课本内容开发了丰富多彩的研学活动。

（二）研学旅行的时间周期

研学旅行是由学校根据区域特色、学生年龄特点和各学科教学内容需要，组织学生通过集体旅行、集中食宿的方式走出校园，在与平常不同的生活中拓展视野、丰富知识，加深与自然和文化的亲近感，增加对集体生活方式和社会公共道德的体验，提升中小学生的自理能力、创新精神和实践能力。

中小学生研学旅行的时间安排由研学学生的年龄特点和课程教学内容来确定，研学旅行产品按照时间周期主要有：一日型、二至三日型、四至五日型。

（1）一日型研学旅行。一般在研学旅行的基地进行，以本地资源点为主，如当地博物馆、纪念馆、植物园、工业遗址等基地，这些基地与学校距离较近，交通便捷，研学课程与内容具有本地化特征，易学易懂。

（2）二至三日型研学旅行。一般是在研学旅行的营地进行，以本省或相邻省份的研学资源为主，以学生上课时间点展开的一种研学形式。二至三日型研学旅行必须围绕特色鲜明的主题来开发课程和组织二至三天研学旅行产品。

（3）四至五日型研学旅行。在研学旅行的营地进行，以省外资源为主，一般在周一至周五开展。主要以初、高中生研学旅行活动为主，研学内容以省情国情为主，以达到综合实践育人的效果和目的。

目前对研学旅行时间周期只是原则性规定，各地可根据研学旅行实施方案和具体实际来确定。例如，2017年湖北省教育厅在《湖北省中小学生研学旅行试点实施意见》和《湖北省中小学生研学旅行试点管理办法》中提出，湖北省中小学生研学旅行原则上每学期累计研学时间：小学4至6年级4～5天，初中1至2年级5～6天，高中1至2年级5～7天。

总之，研学旅行的开展是一项系统教育工程，学生在研学旅行中从培养对家乡的感情开始，地点由近至远，时间由短至长，随着学生认知水平的提高，研学内容也由乡情市情到省情国情，内容范围逐渐扩大，从而可以循序渐进地激发学生热爱家乡、热爱祖国的思想与情操。

第二节　研学旅行的构成要素和实践意义

研学旅行是现代旅游的新业态，属于旅游活动的一种新形势。美国学者罗伯特·麦金托什和夏希肯特·格伯特认为，旅游活动是由游客、旅游企业、目的地政府和目的地居民在吸引和接待旅游及其游客的过程中产生的现象与关系之和；雷帕旅游系统模型包括旅游者、旅游业、客源地、旅游通道和目的地等5个要素。

一、研学旅行的构成要素

从研学旅行的目的、特点和内容等因素考量,研学旅行活动的构成包括九大要素:教育行政管理部门、中小学校、中小学生、研学导师、研学课程、研学基地(营地)、服务机构、研学线路、安全保障。

(一)教育行政管理部门

教育行政管理部门既是研学旅行的保障方,又是研学旅行的决策者和指导者。教育行政部门和学校必须为学生的研学旅行活动保驾护航,提供各类保障措施,要建立工作领导机构,制定有关制度,不断总结推动,为学校开展研学旅行活动提供政策支持。学校要制定具体工作方案,建立研学旅行长效管理体系。

(二)中小学校

学校是研学旅行的主要组织者。学校要制定科学严密的研学旅行工作手册,研学前要制订研学旅行行动计划。精心策划,确定主题,与有关服务机构和研学基地、营地一起科学制定研学旅行实施方案,通过多种方式宣传,告知家长。根据学生数量和活动需要,成立专门的工作小组,明确分工,细化方案和责任,周密做好有关准备工作。在研学中要严格执行行动计划,做好应急处理,对各类可能出现的问题科学研判,未雨绸缪,防患未然。研学后要加强后续管理,及时做好研学旅行的总结工作,转化研学成果。总结交流经验,不断完善学校研学旅行课程设计和方案制定,提升研学旅行的品质。

(三)中小学生

中小学生是研学旅行的主体。据统计2018年全国义务教育阶段在校生1.50亿人,高中阶段在校学生3934.67万人,如果研学旅行全面展开,那么中小学生将是中国最大的游客群体。中小学生通过集体旅行、集中食宿方式开展的研究性学习和旅行体验相结合的校外教育活动,达到学校教育和校外教育创新和综合实践育人的目标。

(四)研学导师

不管研学旅行组织实施形式如何,研学导师始终是教学质量好坏的直接影响因素。《研学旅行服务规范》中规定应至少为每个研学旅行团队配置一名研学导师,研学导师负责制订研学旅行教育工作计划。研学导师不仅需要创新的教育思维、广博的旅游知识和强大的掌控能力,还要有深厚的教学素养和能力,要在研学过程中结合活动内容、设置教学内容,在内容上超越教材、课堂和学校的局限,设计出具有探究性、实践性的综合实践活动课程。

(五)研学课程

研学课程(study travel course)是专门为研学旅行设计的课程体系。课程体系设计包含课程目标、课程内容、课程安排、课程评价等四大要素在内的集体体验性的教育实践活动。研学课程设计应满足以下要求：①课程设计应针对不同学段；②设计课程包含课程名称、课程目标、课程简介、实施流程、研究问题、分享展示、总结评价等要素；③课程内容与实施要遵循开放、体验、实践、互动、安全等原则；④基地营地可根据自身资源特点编排研学路线，也可研发推荐与周边资源相结合的组合课程。不同类型的课程也对应着不同的资源需求，围绕一次研学旅行的核心主题，要设计线路、行程，每一个流程的学习目标与计划，应该归属于综合实践活动课程的大分类里，可以看成是一个系列主题的基地课程。

如湖北省十堰市郧阳区青少年活动中心研学旅行基地对接中小学德育、综合实践活动课程、劳动课、优秀传统文化教育、爱国主义教育等教育目标要求，结合郧阳区实际情况，挖掘本土的自然、历史、人文课程资源优势，充分发挥其教育功能，开发满足小学、初中、高中不同学段需求的"拜水源、寻恐龙、访人类"研学课程体系。

（六）研学基地（营地）

研学基地（study base）是为中小学生研学旅行提供研学实践教育活动的场所。包括各类青少年校外活动场所、现有的爱国主义教育基地、国防教育基地、革命历史类纪念设施或遗址、优秀传统文化教育基地、文物保护单位、科技馆、博物馆、生态保护区、自然景区、公园、美丽乡村、特色小镇、科普教育基地、科技创新基地、示范性农业基地、高等学校、科研院所、知名企业以及大型公共设施、重大工程基地等优质资源单位。

研学营地（study camp）是为中小学生研学旅行提供研学实践教育活动和集中食宿的场所。研学营地应有可供学生教学、活动、体验、休整、食宿的场所，且布局科学合理、功用齐全，还应有与研学实践教育活动相匹配的教学设施和器材，且各项教学用具、器材性能完好，能够满足开展研学实践教育活动和集中食宿需求。优质的基地和营地能够提供给学生独特的学习体验与真实的学习环境，能让学习与旅行游玩达成平衡。

（七）服务机构

研学旅行服务机构是联系参加研学旅行的学校学生与研学目的地基地或营地教学资源的中介。因为研学旅行服务对象是中小学生，必须强调研学旅行服务机构的专业性和安全性。根据专业性要求，研学旅行服务机构可由专业旅行社和专业教育机构组成。要有专门服务于研学旅行的部门和专职的研学旅行导游队伍，服务机构要有研学旅行系列产品并且不断完善，并具有根据学校的教学内容定制研学旅行线路的能力。基于安全性要求，旅行社作为研学旅行服务机构要在近三年内无重大质量投诉记录及安全责任事故发生，旅行社要对旅行车辆、驾驶员、行车线路、住宿、餐饮严格把关，杜绝安全隐患。

（八）研学线路

从教学设计上看，研学线路要围绕主题，设计沿途较为合适的活动地点，可以是景点、基地、博物馆等。所选地点要在格调上与主题具有一致性，不能偏离主题太远。一条好的研学旅行线路可以看出设计者的用心与对教学的理解，如何通过旅行的深入来循序渐进地达成教学目的是线路设计者要考虑的。研学线路包括计划的活动地点、交通、住宿等。从合理、安全的角度对研学线路的设计进行规定，距离合适、旅程连贯、紧凑，从而保证学生的安全、学习的良好体验。

（九）安全保障

研学旅行行政主管部门、学校、服务机构、基地营地等组织主体要制定详细的安全应急预案，力求做到防患于未然：①制定研学旅行活动安全预警机制和应急预案，建立科学有效的安全保障体系，落实安全主体责任。②针对性地对参与研学旅行的师生进行安全教育与培训，帮助其了解有关安全规章制度，掌握自护、自救和互救方面的知识和技能。③设立安全责任机制，与参与研学旅行的学生家长和开展研学旅行的相关企业或机构签订安全责任书，明确各方安全责任。④设置安全管理机构，建立安全管理制度和安全事故上报机制，配备安全管理人员和巡查人员，有常态化安全检查机制和安全知识辅导培训。⑤为研学旅行学生购买在基地活动的公共责任险，并可根据特色活动需求建议或者协助学生购买相应特色保险。⑥建立健全服务质量监督保障体系，明确服务质量标准和岗位责任制度。⑦建立健全的投诉与处理制度，保证投诉处理及时、公开、妥善，档案记录完整。⑧对基础设施进行定期管理，建立检查、维护、保养、修缮、更换等制度。⑨建立结构合理的专职、兼职、志愿者等相结合的基地安全管理队伍。⑩培养高素质、爱岗敬业的研学旅行医疗救护人员，特别是青少年医疗人员，加强医疗人员的业务能力培训。

二、研学旅行的实践意义

习近平总书记系列重要讲话精神中要求教育工作者秉承创新、协调、绿色、开放、共享的发展理念，落实立德树人根本任务，帮助中小学生了解国情、热爱祖国、开阔眼界、增长知识，着力提高同学们的社会责任感、创新精神和实践能力。党的十八大报告明确提出："倡导富强、民主、文明、和谐，倡导自由、平等、公正、法治，倡导爱国、敬业、诚信、友善，积极培育和践行社会主义核心价值观。"我们在研学旅行的社会实践中，要大力弘扬这些思想、理念和精神，把中小学生社会主义核心价值观教育落到实处。

（一）开展中小学研学旅行有利于培育和践行社会主义核心价值观，激发学生对党、对国家、对人民的热爱之情

中小学通过集体旅行、集中食宿方式开展的研究性学习和旅行体验相结合的校外教育活动，是学校教育和校外教育衔接的创新形式，是教育教学的重要内容，是综合实践育人的有效途径。新时代的教育就是要以培养担当民族复兴大任的时代新人为着眼点，从娃娃抓起，强化教育引导和实践养成。研学旅行作为实践育人的重要形式，充分体现了新时代我国学思结合、知行统一的教育理念，通过把研究性学习和旅行体验相结合的教育活动，引导学生走出校园，走向社会，用自己的眼睛观察社会，用自己的心灵感受社会，用自己的思考探究社会，在实践中了解国情、开阔眼界、增长知识，提高社会责任感，从而深入感知、理解和践行社会主义核心价值观。

（二）开展中小学研学旅行有利于促进书本知识和生活经验的深度融合

中小学研学旅行能够实现历史、地理、人文各学科的融合，帮助学生实现多方面科学文化知识的了解和掌握。用生活教会学生理解课本上那些被精挑细选的源自生活的文化。

研学旅行在一定程度上引导着学生以一种谦逊的态度，离开冰冷的屏幕，打开本真的心灵，走向纯粹的自然。研学旅行可以使学校根据区域特色、学生年龄特点和各学科教学内容需要，组织学生通过集体旅行、集中食宿的方式走出相对密闭的校园，去拥抱乡土乡情、县情市情、省情国情，在与学校教育情境不同的生活场景中习得的理性知识。

（三）开展中小学研学旅行有利于推动全面实施素质教育、创新人才培养模式

随着教育形式和人才培养模式的创新，家庭教育、学校教育和社会教育成为助推学生素质教育全面实施的重要举措。研学旅行的实施会提供更多的机会让老师、学生和家长之间讨论学习之外的问题，有利于家长和老师发现学生性格、爱好、社会责任、探索能力、同伴友好、自理能力、创新精神和实践能力等其他方面的特点。开展研学旅行有利于推动全面实施素质教育，创新人才培养模式，引导学生主动适应社会，促进书本知识和生活经验的深度融合；有利于加快提高人民生活质量，满足学生日益增长的旅游需求。

（四）开展中小学研学旅行有利于从小培养学生文明旅游意识、养成文明旅游行为习惯和增强集体主义责任感

研学旅行是中小学生综合素质的养成教育。研学旅行是中小学生有组织的集体性、探究性、实践性、综合性活动，是对中小学生进行集体主义教育、生活教育、文明旅游意识和文明旅游行为习惯养成教育的有效载体，可以帮助中小学生学会生存生活，学会做人做事，促进中小学生形成正确的世界观、人生观、价值观。

总之，开展中小学研学旅行有利于促进学生培养和践行社会主义核心价值观，激发学生对党、对国家、对人民的热爱之情；有利于推动全面实施素质教育，创新人才培养模式，引导学生主动适应社会，促进书本知识和生活经验的深度融合；有利于加快提高人民生活质量，满足学生日益增长的旅游需求，从小培养学生文明旅游意识，养成文明旅游的行为习惯，帮助中小学生了解国情、热爱祖国、开阔眼界、增长知识，着力提高他们的社会责任感、创新精神和实践能力。

第三节　研学旅行的起源与发展

随着中国与世界各国的文化交往日益增加，具有搭建世界各国文化和旅游平台功能的研学旅行活动发展迅猛。国内研学旅行作为一种传统而现代的素质教育手段被广泛关注。

一、研学旅行的起源

（一）中国研学旅行起源于古代游学

在中国古代，文人墨客一向有游学之风范，既要读万卷书，又要行万里路，游与学有机紧密结合，诗与远方同在。春秋战国时期，孔子率众弟子周游列国，先后游学卫国、曹国、宋

国、郑国、陈国、蔡国、楚国,考察各地的风土人情,宣传礼乐文化,堪称世界修学旅行的先师和典范;两汉承继战国游学之风,学子们为学经,远行访师问道,既求博闻也求仕途。游学丰富了学子、士人的知识与阅历,也成就了许多人。如司马迁"二十而南游江、淮,上会稽,探禹穴,窥九疑,浮于沅、湘,北涉汶、泗,讲业齐、鲁之都,观孔子之遗风,乡射邹、峄,厄困鄱、薛、彭城,过梁、楚以归。"游历和文化访古,对其终成《史记》有很大的助益。

唐代兴壮游、旅行学习之风,众多士子走出书斋,多作郊游、远行、边塞之旅。他们访古问俗、悠游林下、寻幽探胜、结交豪杰、相互学习,在旅行中学习知识、体悟人生、修为人格、传承文化,成就很多传世的诗篇,而开放、包容的文化,更成就了当时文化的空前繁荣。唐代高僧玄奘去印度取佛经流芳千古;李白和杜甫是游历了祖国名山大川才写出中国诗歌的巅峰之作,杜甫曾作《壮游诗》:东下姑苏台,已具浮海航。到今有遗恨,不得穷扶桑。王谢风流远,阖庐丘墓荒。剑池石壁仄,长洲荷芰香。有"旅圣"之称的徐霞客在游历中学习研究写下了《徐霞客游记》,成为后人研学旅行的宝贵财富。

宋代和明清游学、书院文化盛行,士人旅行制度化,社会逐步形成了"读万卷书,行万里路"的主流意识。宋代理学家、思想家朱熹主张学子不应拘于一隅,而应出四方游学一遭。当时名师硕儒所在的书院,常常成为一地教育、学术中心,吸引远近的学子趋而往之;士子们则利用科举和出仕机会频繁旅行,深入了解各地历史文化、名胜遗产、典制赋役、科技发明,观察社会,推动文化、社会变革。如宋代的沈括少随父宦游州县,出仕后重游历研究,他博学善文,于天文、方志、律历、音乐、医药、卜算无所不通,皆有所论著,最后写就集科技之大成的《梦溪笔谈》。董其昌在《画禅室随笔》中谈画诀:读万卷书,行万里路,胸中脱去尘浊,自然丘壑内营,立成鄞鄂。

(二)国外研学旅行起源于修学旅游

在17世纪的欧洲兴起了大游学运动,英国、德国、法国和意大利人都崇尚漫游式修学旅行,起初是年轻人一到中学毕业,便被送往外国旅行,游学者一边游历名胜古迹,一边学习社交艺术等,逐渐形成风气,后来修学旅行成为知识阶层和社会上层的一种生活方式。

现代修学旅行一词则源于日本。日本自明治维新时期开始鼓励研学旅行,政府在教学大纲中规定,小学生每年要在本市做一次为期数天的社会学习,初中生每年要在全国做一次为期数天的社会学习,高中生每年则要在世界范围做一次为期数天的社会学习,谓之修学旅行。

二、研学旅行在中国的发展

研学旅行是近十年来出现的新词,由我国古代游学、近代修学旅行,逐步演变发展而来。研学旅行延续和发展了我国传统游学——"读万卷书,行万里路"的教育理念和人文精神,成为素质教育的新内容和新方式。

(一)研学旅行的启蒙阶段

20世纪30年代,著名教育家陶行知抱着教育救国理想积极倡导知行合一,认为行是知之始,知是行之成。他组织新安小学的新安旅行团作长途修学旅行。在50天时间里通过唱歌、劳动、卖书卖报、爱国演讲等办法自筹经费,看江南风光,观察、学习沿途地理、风俗、民情,了解近代工业文明,旅途中学生们爱心相助、增进情感,学到很多在学校死读书学不到的知识。学生们还参观英法日等占领的上海租界、淞沪抗日战场,了解爱国军民奋起抗战的英勇事迹。这增加了学生们对国家民族的责任感,开创了我国修学旅行的先河。

新中国成立以来,不同社会发展时期对教育有不同的要求,很多学校组织了各种带有研学性质的勤工俭学、爱国主义教育、红色旅游、历史文化探源、地质生物考察等活动。而校外机构组织的研学旅行,还是伴随改革开放的深入才开始出现的。

改革开放之后,大量来自日韩、东南亚和欧美国家的修学旅游团来华修学旅游。当时,中国国际旅行社、中国旅行社、中国青年旅行社三大总社及地方旅行社,纷纷成立修学旅游接待部门,组合、推出许多具有文化资源特色的修学旅行线路产品,接待了数以十万计的外国修学旅行者,增强了对汉文化的亲近感,播下了国际友好的种子,各地积累了大量修学产品组合、组织接待和安全保障的宝贵经验。

随着中国与世界各国的文化交往日益增加,作为具有搭建世界各国文化和旅游平台功能的研学旅行活动发展迅猛。2003年上海成立了修学旅行中心,还编写出版了《修学旅行手册》,又提出联合江浙皖等地区打造华东研学旅行黄金线路;2006年,首届孔子修学旅行节在儒家文化的发源地山东曲阜举办,这是中国第一个修学旅行节庆活动。2008年广东省率先把研学旅行列为中小学必修课,写进教学大纲。2013年,安徽省、西安市和苏州市进行研学旅行试点,取得了丰富的经验和成果。安徽合肥中小学将研学旅行的成绩纳入学分统计。各地还建立了研学旅行活动基地,组织培训研讨,如西安、合肥、武汉等地均举办了全国及本地区的研学旅行论坛和研讨会。

从20世纪90年代开始,随着经济的快速发展,家长、学生们对国内修学旅行、出国游学的需求日殷,一些教育理念较开放的学校开始组织学生修学旅游、出境游学,不少旅行社应需要推出一些修学旅行或海外游学旅行团,推动这一市场向前发展。可惜的是,更多的学校只专注于高考应试,尤其担心出现安全事故,所以一直没有制度化、规模化地开展修学旅行或出境游学。而由于没有出台政策规范引导和监管,出国游学总体呈现野蛮生长的状态。

直到2013年,在旅游界的推动下,国务院办公厅印发《国民旅游休闲纲要(2013—2020年)》,倡导逐步推行中小学生研学旅行,才正式为研学旅行正名。此后又有系列政策出台,研学旅行开始受到教育界、旅游界和学生家长们的普遍关注。

(二)研学旅行的起步与发展阶段

随着我国教育模式由应试教育向素质教育的转变,国内研学旅行作为一种传统而现代的素质教育手段被广泛关注,正在逐渐兴起和推广。部门加强联动,一些省市的旅游、文物、物价等部门积极支持研学旅行工作,许多家长也成为研学旅行的志愿者;有的地区将研学旅行纳入了综合素质评价,有的学校制定了包括研学旅行在内的操行量表;各地运用社会力量,通过购买优质服务,同旅行社合作建设基地等方式,积极为研学旅行的发展创造条件。

国家相继出台了一系列鼓励研学旅行发展的政策与措施,为研学旅行的发展奠定了坚实基础。

1. 《国民旅游休闲纲要(2013—2020年)》首次提出研学旅行的概念

2013年2月2日,国务院办公厅关于印发《国民旅游休闲纲要(2013—2020年)》的通知发布,纲要中提出"逐步推行中小学生研学旅行"的设想。此前我国许多地区都有尝试把研学旅行作为推进素质教育的一个重要内容来开展。

2. 教育部2014年工作要点颁布"蒲公英行动计划"

2014年4月19日,时任国家教育部基础教育一司司长王定华在第十二届全国基础教育学校论坛上发表了题为《我国基础教育新形势与蒲公英行动计划》的主题演讲。在会上,他首先提出了研学旅行的定义:学生集体参加的有组织、有计划、有目的的校外参观体验实践活动。研学要以年级为单位,以班为单位进行集体活动,同学们在老师或者辅导员的带领下,确定主题,以课程为目标,以动手做、做中学的形式,共同体验,分组活动,相互研讨,书写研学日志,形成研学总结报告。

3. 国务院《关于促进旅游业改革发展的若干意见》首次明确了"研学旅行"要纳入中小学生日常教育范畴

2014年8月21日《关于促进旅游业改革发展的若干意见》中首次明确了"研学旅行"要纳入中小学生日常教育范畴,积极开展研学旅行。按照全面实施素质教育的要求,将研学旅行、夏令营、冬令营等作为青少年爱国主义和革命传统教育、国情教育的重要载体,纳入中小学生日常德育、美育、体育教育范畴,增进学生对自然和社会的认识,培养其社会责任感和实践能力。按照教育为本、安全第一的原则,建立小学阶段以乡土乡情研学为主、初中阶段以县情市情研学为主、高中阶段以省情国情研学为主的研学旅行体系。

4. 国务院办公厅《关于进一步促进旅游投资和消费的若干意见》规范和引导中小学生赴境外研学旅行活动

2015年,国务院新出台的《关于进一步促进旅游投资和消费的若干意见》有新突破。在建立健全研学旅行安全保障机制方面,旅行社和研学旅行场所应在内容设计、导游配备、安全设施与防护等方面注意青少年学生特点,寓教于游。加强国际研学旅行交流,规范和引导中小学生赴境外研学旅行活动开展。

5. 2016年"十三五"规划研学旅游元年展开

2016年原国家旅游局公布首批"中国研学旅游目的地"和"全国研学旅游示范基地",要求各研学旅游目的地和示范基地要进一步挖掘研学旅游资源,深化打造主题品牌,扩大对青少年人群的政策优惠,加强接待配套设施建设,切实提高管理服务水平和安全保障,不断提升研学旅游的综合吸引力和品牌认知度。各级旅游部门要充分发挥对研学旅游目的地和示范基地的指导作用,加大在政策、资金、项目、人才培训、宣传推广等方面的支持力度,将研学旅游培育成为各地旅游发展创新的增长点。

6. 教育部确定河北省邯郸市等10个地区为全国中小学研学旅行实验区

为贯彻落实《国家中长期教育改革和发展规划纲要(2010—2020年)》《国务院办公厅关于进一步促进旅游投资和消费的若干意见》,培养中小学生的创新精神和实践能力,推动研学旅行工作健康发展,教育部确定河北省邯郸市等10个地区为全国中小学研学旅行实验区。

7. 原国家旅游局发布《研学旅行服务规范》行业标准

随着我国旅游业的发展,研学旅行已经成为教育旅游市场的热点。为了规范研学旅行服务流程,提升服务质量,引导和推动研学旅行健康发展,原国家旅游局于2016年12月19日发布《研学旅行服务规范》,并于2017年5月1日起实施。

8. 《中国学生发展核心素养》正式发布

2016年9月13日,《中国学生发展核心素养》正式发布并强调:突破只是本位与应试教育的藩篱窠臼,引领学生培育适应社会发展与终身发展需求的必备品格和关键能力。

9. 11部门正式发布中小学生研学旅行意见

2016年11月30日,教育部等11部门印发的《关于推进中小学生研学旅行的意见》指出,中小学生研学旅行是由教育部门和学校有计划地组织安排,通过集体旅行、集中食宿方式开展的研究性学习和旅行体验相结合的校外教育活动,是学校教育和校外教育衔接的创新形式,是教育教学的重要内容,是综合实践育人的有效途径。

10. 教育部办公厅关于开展2017年度中央专项彩票公益金支持中小学生研学实践教育项目推荐工作的通知

为贯彻教育部等11部门《关于推进中小学生研学旅行的意见》精神,落实立德树人根本任务,帮助中小学生了解国情、热爱祖国、开阔眼界、增长知识,着力提高中小学生的社会责任感、创新精神和实践能力,"十三五"期间,教育部利用中央专项彩票公益金支持开展中小学生研学实践教育项目,将在各地遴选命名一批"全国中小学生研学实践教育基地"(以下简称基地)和"全国中小学生研学实践教育营地"(以下简称营地),广泛开展中小学生研学实践教育活动。

11. 教育部印发《中小学德育工作指南》(以下简称《指南》)的通知

该《指南》是指导中小学德育工作的规范性文件,适用于所有普通中小学。各地要加强组织实施,将《指南》作为学校开展德育工作的基本遵循,纳入校长和教师培训的重要内容,并将其作为教育行政部门对中小学德育工作进行督导评价的重要依据,进一步提高中小学德育工作水平。

12. 教育部办公厅关于公布第一批全国中小学生研学实践教育基地、营地名单的通知

根据《教育部办公厅关于商请推荐"全国中小学生研学实践教育基地"的函》(教基厅函〔2017〕24号)、《教育部办公厅关于开展2017年度中央专项彩票公益金支持中小学生研学实践教育项目推荐工作的通知》(教基厅函〔2017〕25号)精神,在国家有关基地主管部门和各省级教育行政部门推荐基础上,经专家评议、营地实地核查及综合评定,命名中国人民革命军事博物馆等204个单位为"全国中小学生研学实践教育基地",河北省石家庄市青少年社会综合实践学校等14个单位为"全国中小学生研学实践教育营地"。

13. 《教育部基础教育司2018年工作要点》推进研学实践教育营地和基地建设

教育部基础教育司2018年工作要点指出:继续实施中央专项彩票公益金支持校外教育事业发展项目,推进研学实践教育营地和基地建设。推进全国青少年校园足球改革试验区、试点县(区)和特色学校建设,建设"满天星"训练营试点。建立优秀校园足球等级运动员在中小学各阶段相衔接的升学保障机制。推进冰雪运动进校园,遴选一批全国青少年冰

雪运动特色学校。

14. 教育部公示2018年"全国中小学生研学实践教育基地、营地"名单

根据《教育部办公厅关于商请推荐"全国中小学生研学实践教育基地"的函》（教基厅函〔2018〕44号）、《教育部办公厅关于开展"全国中小学生研学实践教育基（营）地"推荐工作的通知》（教基厅函〔2018〕45号）精神，在中央有关部门和各省级教育行政部门推荐基础上，经专家评议、营地实地核查及综合评定，拟命名中国人民解放军海军南海舰队军史馆等377个单位为"全国中小学生研学实践教育基地"，北京市自动化工程学校等26个单位为"全国中小学生研学实践教育营地"。

思考与练习

1. 如何理解研学旅行概念与特征？
2. 研学旅行的类型有哪几种？
3. 如何理解研学旅行的构成要素与周期？
4. 研学旅行的起源与发展有哪几个阶段？
5. 在我国开展研学旅行的现实意义有哪些？

第三章
研学旅行国内外现状分析

◆学习引导

我国的研学旅行刚刚起步,我们一方面要加大对国内研学旅行实施过程中的经验教训进行及时的总结,另一方面也要对国外的研学旅行发展现状及时了解,并吸取国外研学旅行的优秀做法及经验。本章对国外的研学旅行以及教育旅游的发展现状及经验进行了梳理总结,同时也对国内颁布的重要研学旅行相关政策进行了分析解读,并对国内研学旅行面临的一些问题进行了分析,提出相应的解决对策。

◆学习重点

1. 国外研学旅行的主要经验与做法。
2. 教育旅游与研学旅行的关系。
3. 国内研学旅行面临的主要问题。
4. 正确看待国内研学旅行发展的现状。

在我国,研学旅行刚刚起步,发展如火如荼,已经引发教育部门和市场领域越来越多的关注。现代意义的研学旅行起源于日本,虽然国外的这种以旅行为表现形式的教育叫法多样,但它们所表现出来的内容以及针对这种教育形式制定的措施与规定,是值得我们学习的。国内的研学旅行逐渐被越来越多的学校接受,也呈现出对市场的高度对接。为了对以后的研学旅行的推进提供更多有价值的建议,我们有必要对国内外的相关情况予以梳理并进行简要的分析。

第一节 研学旅行的国外现状

国外研学旅行实践较早,与研学旅行相关度较高的学术名词有 Experiential Education、Outdoor Education、Field Trip、Educational Tourism、Study Tourism、Learning

Travel 等等。Experiential Education 译为体验式教育,指直接参与体验和集中思考的学习方式。哲学家约翰·杜威通常被认为是体验式教育思想的提出者。Outdoor Education 与 Field Trip 都是大中小学校经常采用的实施 Experiential Education 的具体教学方式。Outdoor Education 译为户外教育,指学校组织、安排的有计划的户外活动。Field Trip 译为实地考察旅行,指学生去某地考察学习的旅行活动。Educational Tourism、Study Tourism、Learning Travel 译为教育旅游,指以教育与学习为目的的旅游活动。国外常见的研学旅行方式有参观博物馆、天文馆等科学文化机构,参观考察与所学相关的自然环境、企业、农地,参加夏令营(冬令营)等项目活动,出国留学,短期访学,实习等等。

一、户外教育、实地考察旅行研究现状

Experiential Education、Outdoor Education、Field Trip 更针对幼儿、青少年、大学生等学生群体,侧重于教育意义,当前文献重在探讨教育课程的实施与成果,分析这种教育方式在实施中面临的问题及解决方法,以更好地实现教育成效,促进学生个体的发展。相关文献主要集中在以下几个方面。

(一)不同地区户外教育的文化特征

Eija Kimonen(2015)从户外教育的角度分析考察了 20 世纪美国和印度的教育和社会之间的相互关系。户外教育是一种以学生与环境互动为目的的有组织的、有目的的活动。户外教育发生在与校外现实紧密相连的环境中,注重理论与实践的互动,关注校外现实问题,并为学生应对这一现实做好准备。它的中心目标是在教育和现实生活之间架起一座桥梁。相比于其他类型的教育活动,户外教育能够更加深刻地反映教育与社会之间的关系。Simon Beames 和 Andrew Brown(2005)探讨了户外教育在香港的发展,特别提到了西方体验式教育规范与传统中国文化的矛盾。传统中国文化强调优先考虑保持和谐的关系,小组成员之间的公开冲突通常是可以避免的,这往往使得人际关系中重要的问题得不到探索。这种根深蒂固的文化特质与要求参与者分享他们对自己、团队或领导者的感受和看法的户外教育方式是不一致的。这里提出一些建议,如:重新开设高要求的课程以适应该地区壮观的自然景观;培养户外教育工作者的技能水平;与户外教育社区相结合。Søren Andkjær(2012)运用文化比较分析与构型分析对比了新西兰户外教育与丹麦户外运动的联系与区别,指出新西兰的户外教育注重行动、风险和挑战,体现以个人发展为中心的教学目标。丹麦的户外运动强调自然中的简单生活和冒险。丹麦、新西兰等国家的文化和传统深受其他国家的影响,不仅在户外教育传统方面,而且在意识形态、思想观念、政治观念等方面都有体现。Susanna Ho(2014)指出近年来户外教育作为一门独特的课程在新加坡的学校中得到了广泛的认可。一些学校把户外教育作为体育课程的一部分,而另一些学校则把户外教育作为课外活动的一部分。新加坡的户外教育优先服务于三种教育目的,即培养心理抗逆能力、与国家建立情感联系、培养生态素养。

(二)户外教育在课程实施方面的问题与建议

Janet E. Dyment 和 Tom G. Potter(2015)认为户外教育经常被低估,并探索了户外教

育可否作为一个学科而存在。希望借此启发读者,以创新的方式将户外教育概念化,并促进户外教育发挥潜能,为社会提供最佳服务。Tara Remington 和 Maureen Legge(2017)对新西兰奥特罗瓦两所农村小学的户外教育进行了研究,发现在以下因素方面限制了教师实施户外教育的能力:专业户外教育的目的和学校营地的教育目的存在混淆;学校高级管理层所做的有关户外教育的决策与实际需要有出入;资金限制;教师的职前及职后培训有限,在安全管理方面缺乏准备。Sue Waite(2011)考察了目前2到11岁儿童户外学习的实践和愿望。指出户外学习实践者对户外学习的渴望似乎超越了提供新鲜空气和缓解情绪,还包括替代教学和丰富课程。在户外教育中,儿童的以下价值观受到了影响:自由和乐趣;所有权和自主权;真实性;对丰富的感官环境和教学实践的物质性的热爱。

（三）户外教育、实地考察旅行的价值与意义

Myra Pasquier 和 Paul J. Narguizian(2006)指出实地考察旅行为学生提供了在非正式和自然环境中体验科学的独特机会。在接触到有吸引力的学习环境的同时,学生可以实践他们已有的知识和经验,并从中获得新的技能和知识。Tracy R. Rone(2008)指出实地考察旅行是一种借鉴体验学习的教学方法。通过考察人类学本科生在南卡罗莱纳州的群岛的实地考察旅行,验证了这种教学方法的有效性。这次实地考察活动直接有助于学生提升以下几方面能力:①增加他们的知识,并发展对一个文化区域、群体、生活方式以及克里奥尔语的欣赏能力;②将文化语言人类学的抽象核心概念具体化;③培养反思性观察能力和用具体证据和实例证明抽象观点的能力;④通过第一手知识对理论、实践和政策有更好的理解。C. Larsen et al.(2017)指出教育者认为实地考察旅行的价值在于:个人与社会发展;观察和感知技能;赋予学习以意义;提供第一手经验;激发兴趣和动力。然而笔者通过对参与实地考察活动的学生进行访谈,发现学生更加看重个人与社会发展的价值、激发兴趣和动力的价值以及赋予学习以意义的价值。另外,社会资本对学生的学习及今后事业成功都有重要影响,实地考察旅行以一种学生自己切实可见的方式提供课堂学习之外的补充价值。

（四）实地考察旅行在实施中的问题及建议

Anne M. Cox-Petersen 和 Leah M. Melber(2001)提出将科学技术应用于扩展实地考察旅行之中,比如,使用在线资源让教师和学生访问虚拟实地信息,可以在不离开教室的情况下"参观"公共和文化机构,如博物馆、动物园和水族馆。Tali Tal and Orly Morag(2009)指出当前教师在校外环境中不能充分发挥作用,主要原因是教师培训没有为他们提供必要的经验和支持。教师习惯于以课堂为基础的教学,习惯于以标准和课程为基础的教课,习惯于主要与认知领域有关的学习的定义。因此,要想在校外环境中发挥作用,教师应该扮演不同的角色,而不是传统角色。户外作为一种重要的学习环境,教师培训计划和专业发展在改善教师规划、开展和总结户外学习方式等方面具有很大的潜力。Emily Skop(2009)提出建立"基于实地考察旅行的学习社区"来促进学生和教师之间的非正式互动,让学生和教师可以在不受任何特定班级或课程学分限制的环境中相互鼓励和学习,更好地推进实地考察旅行的进行。

(五) 组织实地考察旅行的规划指南

Sylvia S. Martin 和 Randy L. Sewers (2003) 对幼儿园儿童参与实地考察旅行进行了分析,提供了规划指南。包括对活动的安排建议,对考察环境的评价评估,实地考察活动时应考虑的因素,以及教师、家长和现场人员应负责的内容。Alan Wong 和 Simon Wong (2009) 详细解释了如何组织实地考察旅行,以提高学生的学习能力,总结了14个指导教师开展实地考察旅行的有效经验。出发前,计划和研究:①仔细计划活动和行程,使之与课程的学习目标相关联;②向学生清楚地解释实地考察的学习目标和任务;③鼓励学生搜索和研究与实地考察相关的信息;④出发前应安排简介会,详细介绍行程安排,并提醒学生学习的目的;⑤有效和耐心地与活动组织内外保持联系。旅行中,关怀和体验:①所有参与者的安全应该是首要考虑的问题;②与领队或当地导游保持联系,确保服务质量及行程的顺利进行;③提醒学生在牢记学习目标的同时,积极观察和参与各项活动;④为学生提供免费时间,让他们探索所参观的景点;⑤利用一切机会与学生互动,与他们建立融洽的关系;⑥培养一种灵活的态度和心态来处理任何意外的情况或危机。旅行后,培养和收获:①举办报告会,帮助学生反思和讨论他们在课堂上学到的知识和实地考察的经验;②向学生提供与旅行相关的报告和作业的反馈;③从学生那里获得反馈评价,为将来的实地考察积累经验。

二、教育旅游研究现状

Educational Tourism、Study Tourism、Learning Travel 更针对大学生、工作者、老年人等成人群体,侧重于旅游意义,当前相关文献主要探讨教育旅游活动的市场细分与产品设计,分析这种旅游方式对经济、社会以及个体发展带来的影响。目前教育旅游在国外发展受到政府与公益基金机构的青睐,如加拿大教育旅游委员会(CTC)、堪培拉校园教育旅游委员会、英国自然资源志愿保护者信托(BTCV)等等。相关文献的研究领域主要集中在以下几个方面。

(一) 教育旅游理论研究

Brent W. Ritchie(2003) 在《管理教育旅游》一书中对教育旅游的概念做了界定。教育旅游是指旅游者从事过夜或者一日游的旅游活动,教育与学习是其出游的首要动机和第二动机,包括一般教育旅游、成人学习旅游、国际国内大学生旅游和校园旅游。Tim Pitman et al.(2010) 指出教育旅游有如下三个特征:首先,有目的的、体验学习是其结构的核心。其次,在旅游中的学习内容对不同教育背景的学习者来说是合适的。最后,领队往往是一个学者,在体验学习中起至关重要的作用。BPP Learning Media(2011) 指出广义的教育旅游通常被定义为通过将叙事、解释、信息与空间探索相结合,丰富旅游者与地点和文化的互动的任何旅游。这种定义显然与其他形式的特殊兴趣旅游重叠,如文化、遗产、爱好或兴趣和生态旅游。而狭义的教育旅游被定义为为了获得正式的教育经历而进行的旅行,如学校间文化交流、出国留学、语言课程学习、校园旅游、特殊兴趣学习游等。

(二) 教育旅游市场分析及产品设计

Brent W. Ritchie(2003) 从"旅游第一"和"教育第一"两个角度切入,运用系统和细分的方法对复杂的教育旅游市场进行了尝试的界定,分为基于自然和文化的教育旅游市场、成人教育旅游市场、校园旅游和大学生旅游市场,并对每个市场进行了分析,提出一些管理的措施。BPP Learning Media(2011)指出近几年教育旅游市场得到快速发展,一是因为有更多的人有机会接受高等教育和进一步教育;二是因为积极、富裕的老年游客希望终身学习。其次,教育旅游市场中留学生成为主力,主要因为留学生通常是所有游客群体中逗留时间最长的,他们通过住宿和娱乐支出(以及学习费用)对当地经济做出了重大贡献;留学生的教育费往往要求全额预付,在这种情况下,留学生的人均支出是所有旅游团中最高的;亲戚朋友经常在留学生学习期间拜访他们,又进一步扩展了旅游市场。Tim Pitman et al.(2011)对成人教育旅游市场分析发现,参与教育旅游的群体通常是受过良好教育和富裕的中产阶级,在社会上同质性更强。通过对受访者的调研发现将近四分之一(24%)的人完成了研究生课程学习,另有13%的人通过研究获得了更高的学位(例如博士学位)。在这些受访者中,90%的人表示,他们在专业的白领岗位上工作,其中大多数薪酬丰厚,比如律师、牙医、医生、心理学家和会计师。参与教育旅游的老年群体通常是退休的大学教育工作者、退休的大学行政人员、退休或半退休的法官等等。Holdnak, Andy 与 Holland, Steven M(1996)指出许多景区设计了教育旅游项目,比如佛罗里达州奥兰多的迪士尼乐园为实现教育旅游开发了80多个实践项目,包括烹饪艺术、种植园艺、摄影、攀岩、讲故事等等。迪士尼的目标是让每位游客离开时留下的不只有愉快经历的回忆,还应该获得新的知识、技能和开阔的视野。笔者通过对一些旅游景点的项目分析,将教育旅游项目归为两类:一类是基于一般学习课程的旅游项目,另一类是基于技能学习的旅游项目。

(三) 教育旅游的经济影响

Neil Carr 和 Megan Axelsen(2005)认为学生出国留学经历对目的地大学所在地区和国家的经济有很大的影响。他们通过对澳大利亚昆士兰大学亚洲学生的休闲行为进行调研发现,观光旅游是亚洲留学生赴澳留学经历的重要组成部分。对留学生来说,他们有强烈的观光旅游需求。旅游业可以从主要满足国内学生的国际旅游需求转向满足国际学生的国内旅游需求,这样可以补足当前旅游业在国际学生进行国内观光旅游市场方面的缺口,从而带动国内经济发展。Peter Higgins (2000)指出户外娱乐和教育对苏格兰经济做出了巨大贡献。户外休闲活动产生了可观的旅游收入,其中大部分在农村地区,也延长了传统旅游季节。户外教育中心是某些农村地区的重要用人单位,解决了就业问题。此外,"治疗性"户外活动在减少青少年犯罪方面效果显著。Hylmee Matahir and Chor Foon Tang(2017)通过扩展索洛经济增长模型,考察了教育旅游对马来西亚经济增长的影响。研究得出,教育旅游、商品出口、资本存量和人口增长在解释马来西亚长期经济增长方面具有显著的统计学意义;教育旅游是马来西亚经济短期和长期增长的重要来源。

(四) 教育旅游的社会影响

Lintje Sie et al. (2016)认为教育旅游对解决老龄化社会的问题具有促进作用。由于教育和文化旅游现在正成为许多老年人的热门选择,Lintje Sie 开发了一个综合框架,将教育旅游的三个阶段:旅游前、旅游参与和旅游后联系起来,全面回顾了老年人的教育旅游体验。希望将这一框架发展为一个成功的老龄化概念模型,更好地服务老年游客。D. Copra et al.（2011）提出将教育旅游与乡村旅游相结合，可以设计出乡村旅游的差异化产品，比如花卉展示课程、农作物学习课程、农场烹饪课程等等，更好地将乡村的自然资源与农民的生产和活动结合起来，深度挖掘乡村的教育与文化作用，为未来来自城市和农村环境的旅游消费者创造一个积极的农业形象。

三、国外研学旅行的经验与启示

总体来说，国外的研学旅行项目是实施教育及扩展旅游发展的重要手段。教育与旅游的结合不仅有教育意义，帮助学生群体实践校内学习知识，获得第一手资料，增长见闻与经验，提高观察和感知技能，激发学习兴趣和动力；也有充分的市场价值，扩展了旅游市场，丰富了旅游产品，扩大了旅游消费者范围，挖掘了旅游目的地的教育及文化内涵，提高了目的地的旅游收入，促进了地区经济发展，也对一些社会矛盾的解决提供了思路。国外研学旅行理论研究更多集中在户外教育方面，为我国推动研学旅行发展提供了如下启示。

（一）始终以教育为首要目的

研学旅行本质上是教育领域的活动，促进学生个体的全面发展始终是进行研学旅行的首要目的。国外研学旅行理论研究表明，户外教育、实地考察旅行丰富了学校的教育方式，在帮助学生实践、学习知识，增长见闻与经验，提高观察和感知技能，激发学习兴趣和动力等方面都具有重要意义，对培养学生个体全面发展具有正面价值。除此之外，户外教育、实地考察旅行也是让学生体会国家精神、民族文化、生态素养、爱国情操等社会价值观的有效渠道，有助于增强学生与国家的情感纽带，学习民族传统与文化，培养多方面素养。我们在推动研学旅行发展之时，应始终以教育为首要目的，以实现良好的教育效果为衡量标准，切不可降级为简单的旅游活动。

（二）注重教师培训计划

教师培训计划在帮助教师规划、开展和总结户外学习方式，构建完善研学旅行课程体系等方面具有很大的潜力。国外研学旅行理论研究表明，教师在校外环境中不能充分发挥作用，主要原因是教师培训没有为他们提供必要的经验和支持。教师习惯于以课堂为基础的教学，习惯于以标准和课程为基础的教课，习惯于与认知领域有关的学习定义。因此，要想在校外环境中发挥作用，教师应该扮演不同的角色，而不是传统角色。这就需要针对现实情况，对教师进行专门的培训，开发科学的研学旅行课程，以更好地促进研学旅行的实施。

（三）重视教育旅游市场发展

教育旅游市场是开展研学旅行的重要空间。我国教育旅游的发展过于依赖旅游过程中的环节和活动，并没有形成成熟的教育旅游市场，也没有形成相对完善的教育旅游发展体系。国外研学旅行理论研究表面，教育旅游的发展不仅丰富了旅游产品，扩大了旅游消费者范围，还有助于挖掘旅游目的地的教育及文化内涵，提高目的地的旅游收入，促进地区经济发展，也对一些社会矛盾的解决提供思路。教育旅游市场的开发重在运用系统和细分的方法对复杂的教育旅游市场进行划分,针对不同性质的教育旅游市场主体,采取不同的发展战略,以完善教育旅游发展体系,为研学旅行提供更好的实施空间。

第二节 研学旅行的国内现状

研学旅行符合中小学生综合实践课程的相关要求,研学旅行不仅体现了综合实践活动课程的理念,还能通过旅行的手段更好地实现综合实践活动课程的目标与价值,在丰富学生的学习方式,促进学生主体性发展和塑造学生健全人格方面起到积极作用。

一、发展与探索

2013年以来,国内研学旅行相关政策经历了教育研究先行展开、旅游市场最先导入、市场倒逼政策供给的轨迹过程。2016年年底教育部等11部门《关于推进中小学生研学旅行的意见》政策颁布,提出要把研学旅行摆在更重要的位置,推动研学旅行快速发展,随后相关政策频出,对文旅、教育及相关行业和学术界的发展形成极大政策利好,有力地推动了与研学旅行相关的文化类、旅游类、教育类公司的成立,也为高校、研究院提供了崭新的研究课题。

教育部教育发展研究中心研学旅行研究所2018年对全国31个省区市的4000多所学校、3.3万名家长开展随机抽样调查,发现全国研学旅行学校参与率平均为38%,其中上海最高,达到了66%。全国各地中小学校研学旅行参与率存在不平衡性。此外,2017年至2018年全国遴选了621家研学实践教育基地和营地,在组织管理、课程开发、专业指导和评价方面,都需要持续追踪研究。

相对于教育领域研学旅行不温不火地推进,市场早已经嗅到了研学旅行将要带来的利好,并迅速做出了反应。截至2019年7月,全国正式注册的以研学旅行命名的企业就已经多达1196家。而且很明显,从2017年开始,研学旅行的企业数量增速加快,可用井喷来形容。可见,2016年底的教育部等11部门《关于推进中小学生研学旅行工作的意见》起到了一个决定性的作用。一些行业性的社会组织也陆续得以建立,这对于国内研学旅行的发展产生了积极的作用。比较有影响的民间社团有中国课程化研学旅行联盟(2014年)、内地游学联盟大会(2015年)、中国研学旅行目的地联盟(2017年)、中国研学旅行联盟(2017年)、中国研学旅行推广联盟(2017年)等,这些行业组织联合社会企业、学校一起举办了多种形式的研学旅行论坛、大会、培训班等,在各地掀起了研究与实践推广研学旅行的热潮,研学旅行的氛围逐年升温。

教育部与原国家旅游局相继牵头,开展了研学旅行营地和基地的推荐和命名工作。工作要求各命名基地和营地要进一步挖掘研学旅行资源,深化打造主题品牌,扩大对青少年人群的政策优惠,加强接待配套设施建设,切实提高管理服务水平和安全保障,不断提升研学旅行的综合吸引力和品牌认知度。各级旅游部门要充分发挥对研学旅行目的地和示范基地的指导作用,加大在政策、资金、项目、人才培训、宣传推广等方面的支持力度,将研学旅行培育成为各地旅游发展创新的增长点。

国内各地研学旅行的试点,取得了很多有意义的探索经验。一是加强组织领导,力促研学旅行工作有计划、有目的、有措施。其中,西安制定了38条管理标准,上海有六大机制。二是探索经费投入的机制,形成了"政府拿一点、学校筹一点、家长出一点"的方式。三是建立活动基地,如西安市依托中小学生校外教育综合实践活动基地加强具体指导管理,石家庄市为26个基地挂牌,上海市有校外教育地图。四是组织培训研讨,如西安、合肥、武汉等地均举办了全国及本地区的研学旅行论坛和研讨会。五是纳入课程改革,特别是丰富了综合实践课程内容。六是体现育人导向,研什么,学什么,目标更加明确,内容涵盖丰富。七是加强部门联动,一些省市的旅游、文物、物价等部门积极支持研学旅行工作,许多家长也成为研学旅行志愿者。八是尝试推行考核评价,有的地区将研学旅行纳入了综合素质评价,有的学校制定了包括研学旅行在内的操行量表。九是突出地域特色,如西安、杭州在此方面都表现突出。十是运用社会力量,通过购买优质服务、同旅行社合作、发展民办基地等方式,为研学旅行创造条件。十一是重视安全出行,其中西安、苏州、武汉等地,虽然出行的次数较多,但均未发生事故,证明只要安全责任主体明确,安全过程细化,就可以解决好安全问题。十二是规范操作,不少地区结合实际情况,在开展研学旅行工作中严格遵守操作规范。

值得注意的是,湖北宜昌的研学旅行虽然起步晚,但发展迅速,已经形成了值得推广的研学旅行"宜昌模式",引起国内研学旅行领域的关注。

第一,宜昌构建了"1+4"研学旅行管理模式,即"市研学旅行协调小组+学校、家长委员会、旅行社和基(营)地",顶层设计,统筹协调,职责明晰,各司其职,有力保障研学旅行工作的安全高效。

第二,宜昌市教育部门牵头成立的全市中小学生研学旅行工作协调小组,一方面统领着全局,另一方面密切协调着各个组成部分的高效运转。

第三,认定研学旅行营地基地。宜昌市教育部门联合旅游、文化等部门制定印发《关于开展宜昌市中小学生研学旅行基地评选工作的通知》,从资质、课程、服务、设施、安全多方面提出具体要求,开辟研学旅行阵地。分两批挂牌研学基地58家,包括自然风景区、文博院馆、综合实践基地、高新企业等多行业部门,为学生开展研学旅行提供了丰富资源。宜昌市政府部门投入1.5亿元重点打造的市青少年实践教育基地建设成为研学营地,创新"1+N"运行模式,以营地辐射带动市内N个基地,组建区域研学基地联盟,推动区域研学实践一体化建设,并成功创建为国家重点支持的全国示范营地。

第四,遴选推荐优质旅行社。宜昌市教育部门联合市文旅部门制定《宜昌市中小学生研学旅行推荐旅行社遴选方案》,从资质条件、专业队伍、服务产品、合作单位、安全保障、收费标准等方面制定细则,两批推荐3A级及以上旅行社25家,并组建了研学旅行行业协会,加强行业自律和规范建设,确保学生研学旅行吃住行的安全。

第五,规范研学旅行工作流程。宜昌市教育部门制定印发《宜昌市中小学生研学旅行工作指南(试行)》,学校将研学旅行纳入学年计划;家委会确定线路、旅行社和价格,负责经费收支;旅行社做好学生旅途运转、食宿服务;营地基地组织课程实施。《指南》进一步明晰了"1+4"模式中各方面职责和各环节流程,严禁学校和教师个人参与研学旅行经费收支,严禁旅行社除服务费外在基地收费标准上加价收费,严禁基地超规模接待学生降低服务质量等一系列规定,从操作层面保证了研学旅行规范有序,维护研学旅行市场健康发展。

第六,为避免研学旅行"游而不学"或"学而不游",宜昌市教育部门基础教育机构牵头,成立了宜昌市中小学研学实践研究员团队,特聘市级研学旅行研究员40人,由宜昌市国家级研学旅行营地协同宜昌市教科院、三峡旅游职院共同确立"宜昌市中小学生研学旅行课程体系研究"专项课题,并以三峡旅游职院为依托,组织全市骨干力量开展课程和线路研究,分学段设计课程方案,基地、旅行社深度参与,聚合学校教育优势、基地资源优势和旅行社服务优势,确保研学课程贴合学生实际,有效实施。

第七,宜昌市教育部门制定了《宜昌市中小学生研学旅行课程评价方案》,规定评价结果纳入学生综合素质评价,并折算成一定分数计入中考总分。宜昌市教育管理部门有关负责人介绍,宜昌市研学旅行课程评价的实施原则是坚持全员性、全程性、公正性和导向性,即参加研学旅行项目的所有学生都要接受评价;研学旅行的每个项目都要有评价;评价结果要体现出差异性,还要体现客观、公正的原则;评价要有助于促进研学旅行课程在各个学段针对所有学生广泛开展,提高研学效果,促进学生综合素质发展。具体的评价方式为完成一个项目进行一次评价,一次研学全部项目完成形成一次研学的综合评价。评价结果分为 A(优秀)、B(良好)、C(合格)、D(待提高)4 个等级,每个等级不设比例、没有硬性指标,但也不搞一刀切,体现学生差异性。每一次研学的项目评价及综合评价结果将存储在三峡宜昌研学旅行网评价平台上,输入学生的学籍号和姓名即可进行查询、打印本人所有研学评价结果。

二、政策与解读

自 2013 年国务院《国民旅游休闲纲要》第一次提出中小学研学旅行以来,经过三年的试点推行,到 2016 年教育部等 11 部门联合发布的《关于推进中小学生研学旅行的意见》,研学旅行逐步成为近年来基础教育领域最为引人注目的改革,也成为国民旅游领域新的市场风口。国家层面研学旅行的政策密集出台,相关领域的规范标准也陆续制定出来,这些都为研学旅行的正常开展与顺利推进,提供了重要的保障。通过研读这些政策,我们也能得以管窥研学旅行在理论上、实施上的一些规律与要求。

最早提出在国内开展"研学旅行"的是 2013 年国务院发布的《国民旅游休闲纲要(2013—2020 年)》,纲要里面提到:"改善国民旅游休闲环境。稳步推进公共博物馆、纪念馆和爱国主义教育示范基地免费开放""逐步推行中小学生研学旅行"。纲要中并没有对如何开展研学旅行做过多指示,但其意义非凡。

一是以此纲要为指导,迅速在全国范围内开展了若干研学旅行试点,比如安徽省、西安市等地。正是由于这些敢于吃螃蟹的地区先行实践研学旅行工作,才为教育部最终出台一系列的相关文件,将研学旅行正式纳入中小学生教学计划,奠定了坚实的基础。

二是将研学旅行作为"国民旅游休闲纲要"的一项工作来推动,恰恰说明了中小学生研学旅行应该重视旅游与休闲方面的理论与实践的研究。我们也要充分认识到,在全国范围内推广实施中小学生研学旅行,实际上对于推动我国国民旅游休闲计划,有着深远的意义。这就要求我们在设计研学旅行课程的时候,不仅着眼于课程的教育价值,还要着眼于课程的休闲价值,即培养中小学生从小学会休闲、文明旅游,培养"玩中学、学中玩"的休闲教育理念。

2014年8月21日,国务院《关于促进旅游业改革发展的若干意见》(以下简称《若干意见》)出台,进一步明确了在全国范围内积极开展研学旅行活动。《若干意见》指出:"积极开展研学旅行。按照全面实施素质教育的要求,将研学旅行、夏令营、冬令营等作为青少年爱国主义和革命传统教育、国情教育的重要载体,纳入中小学生日常德育、美育、体育教育范畴,增进学生对自然和社会的认识,培养其社会责任感和实践能力。按照教育为本、安全第一的原则,建立小学阶段以乡土乡情研学为主、初中阶段以县情市情研学为主、高中阶段以省情国情研学为主的研学旅行体系。加强对研学旅行的管理,规范中小学生集体出国旅行。支持各地依托自然和文化遗产资源、大型公共设施、知名院校、工矿企业、科研机构,建设一批研学旅行基地,逐步完善接待体系。鼓励对研学旅行给予价格优惠。"这段话非常重要,基本上框定了研学旅行的性质、功能、原则、内容、服务、基地、保障等要素,为全国的研学旅行的开展提供了明确的指导意见。

第一,《若干意见》认为,研学旅行属于素质教育的范畴,它不是知识性的教育,也不是应试为导向的教育,而正是为了弥补传统的知识教育、应试教育的不足,从人的全面发展、自由发展的角度,围绕情感教育、价值教育、信仰教育,培养具备综合素养全面发展的社会主义接班人。

第二,《若干意见》指出,研学旅行纳入中小学生日常德育、美育、体育教育范畴,这也意味着我们要对传统的德育、美育、体育等工作进行空间上的拓展,运用社会、自然等大学校理念,引导学生崇美、向善,并练就强健的体魄。

第三,《若干意见》指出研学旅行要"教育为本,安全第一",这实际上就抓住了研学旅行最为关键的两个问题,一个是教育性,一个是安全性。离开了教育目的的研学旅行,显然就沦为了一般的旅游,就不是研学旅行。这给我们判断何为研学旅行提供了一个权威的界定。而研学旅行是否能够顺利推进,很大程度上又取决于安全的保障体系。这就要求各地在进行研学旅行的探索与实施的时候,要把安全性放在第一位,因地制宜,根据各地的情况制定妥善的安全保障体系。

第四,《若干意见》规定:"建立小学阶段以乡土乡情研学为主、初中阶段以县情市情研学为主、高中阶段以省情国情研学为主的研学旅行体系。"这应该是从国家层面首次对研学旅行的具体实施提出科学的明确要求。从中可以看到,研学旅行作为一门课程,必须针对不同学段分别设计相应课程目标。但这里需要强调的是,各学段有主要的研学目标和对象,但也不可过于局限。根据各地的情况,小学也可以酌情跨越乡镇,去县市或省外研学,初中高中也可以到当地乡村研学。

第五,《若干意见》也提出研学旅行的服务要规范,加强行业管理。到底哪些可以作为研学旅行的基地,《若干意见》也给予了指示:"各地依托自然和文化遗产资源、大型公共设施、知名院校、工矿企业、科研机构,建设一批研学旅行基地,逐步完善接待体系。"从中我们可以看到,能够成为研学旅行基地、开展研学旅行活动的场所是广泛的,这不仅能让广大传统的旅游景区看到研学旅行带来的市场利好,更让一些非旅游景区能够发掘出其教育与旅游的价值。

第六,《若干意见》强调"鼓励对研学旅行给予价格优惠"。这实际上规定了研学旅行不能过分商业化。一般而言,研学旅行的实施受制于"安全"与"费用",这也是学校和家长最为关心的问题。如何让研学旅行不过分增加学生的经济负担,那就需要在制定研学旅行价格的时候予以优惠考虑,还要政府出台相应的价格补贴措施,出台具体的研学旅行经费划拨政策。

备受瞩目的教育部等11部门《关于推进中小学生研学旅行的意见》(以下简称《意见》)于2016年11月30日发布,是由教育部、公安部、原国家旅游局等联合制定出台。这是国内首个教育部牵头出台的专门针对研学旅行的指导性意见文件,吹响了研学旅行在全国范围内整体推进的号角。正是因为这一文件的出台,让研学旅行广为人知,各地教育系统开始积极筹划推动各自研学旅行的进展工作。这份《意见》由教育部等11部门联合发出,也充分说明研学旅行是一个需要全社会共同关注、共同配合、共同推进的事业。

《意见》文件第一次给出了研学旅行的权威定义:中小学生研学旅行是由教育部门和学校有计划地组织安排,通过集体旅行、集中食宿方式开展的研究性学习和旅行体验相结合的校外教育活动,是学校教育和校外教育衔接的创新形式,是教育教学的重要内容,是综合实践育人的有效途径。

定义明确了研学旅行的主体是教育部门与学校,这是研学旅行不同于以往夏令营、冬令营的地方。定义还规定了研学旅行的性质是校外教育活动,校内外教育要相互衔接。

《意见》指出研学旅行实施的基本原则有教育性原则、实践性原则、安全性原则、公益性原则。《意见》还要求将研学旅行纳入中小学教育教学计划,加强研学旅行基地建设,规范研学旅行组织服务管理,健全经费筹集机制,建立安全责任体系。其中对研学旅行课程要衔接校内外教育,避免学而不游、游而不学,对研学旅行基地建设标准的强调、研学旅行类型的规定等等令人印象深刻。另外,《意见》明确要求研学旅行活动的组织实施"活动有方案,行前有备案,应急有预案"。

《意见》文件是全国研学旅行的行动指南,各地纷纷参照《意见》的文件精神与要求,根据各地教育发展情况出台了相应的地方研学旅行启动文件,研学旅行在中国开始驶入了快车道。

《中小学综合实践活动课程指导纲要》(以下简称《纲要》)由教育部于2017年9月25日以教材〔2017〕4号文发布。我们知道,研学旅行就是综合实践活动课程的一种特殊形式,作为一门校外综合教育,研学旅行也需要参照《纲要》进行规范性实施。

《纲要》明确了综合实践活动课程的基本理念、课程目标、课程内容与活动方式、课程的规划与实施、课程管理与保障。从基本理念中,我们看到,综合实践活动课程注重学生综合素质的培养,也就是说要培养全面发展的人。另外强调了教育面向生活,主张从生活世界中获取知识、文化的营养。在评价方面,《纲要》要求要本着多元评价与综合考察的理念,通过评价让学生更好地认识自我,认识他人,在活动课程中不断成长。在课程目标方面,《纲要》围绕价值体认、责任担当、问题解决、创意物化,明确了小学、初中、高中三个学段的具体目标,具有很强的操作性与指导性。在内容选择与组织方面,《纲要》规定要遵从"自主性、实践性、开放性、整合性、连续性"的要求,以学生为本,充分调动学生的积极性与参与性,注重课程本身的开放性,从学生与自然、社会、他人三者的关系入手,加强综合实践能力、认知能力。在活动方式层面,《纲要》的指导意义很明显,从考察探究、社会服务、设计制作、职业体验4个方面做了详细入微的指导。

总之,研学旅行也同样具备了综合实践活动课程的这些特征,研学旅行不仅体现了综合实践活动课程的理念,还能通过旅行的手段更好地实现综合实践活动课程的目标与价值,在丰富学生的学习方式,促进学生主体性发展和塑造学生健全人格方面,具有重要的意义。

三、问题与对策

(一) 政策层面

从 2013 年起,虽然国家教育部等相关部门陆续出台了很多研学旅行文件,但下级单位仅仅上行下效,分管教育、旅游的政府领导并没有牵头组建研学旅行专业委员会,往往导致上级的文件处于亭台楼阁,下级的操作落不了地。

研学旅行属于新兴行业,是文化、旅游与教育的结合物。随着近几年研学旅行在试点省市取得的成效来看,全国开展全域研学的态势盎然向上。但国内出台的研学旅行政策,多是一些方向性指导性的文件,并没有出台具体的研学标准细则。

2018 年以来,全国各地相继成立了研学旅行专业委员会,文化、旅游、教育类研学公司如雨后春笋般新生,但目前我国相关部门仍未出台《研学旅行市场准入规则和退出机制》和《研学旅行服务规范细则》(这个细则包括《研学旅行基地(营地)建设、申报标准》《研学旅行课程设计、实施标准》《研学旅行导师培育、考核标准》《研学旅行安全管理条例》《研学服务机构评定及服务规范》等,2017 年 5 月 1 日开始实施的《研学旅行服务规范》(LB/T 054—2016)对国内研学的指导、管理力度远远不够)。

各省市地区应建立研学旅行多方合作体系。以"文旅融合、教育先行"为理念,"政府—学校—家长—企业—社会"共同构建中小学研学旅行服务体系。同时,国家和地区的教育管理部门,应尽快研究出台适合于当地研学旅行发展的具有实际指导意义的研学旅行标准手册,涵盖当地的研学旅行基地建设、课程建设、组织服务、研学导师等方面。

(二) 课程层面

课程内容简单,重游轻学,主题、目的不明确。大多研学承办方采用"浅层次"的研学安排——"参观—影像欣赏—讲座—拓展体验",这种灌输式的教学缺乏趣味性、游戏化,导致学生的自主学习意识、研究性思维和能力,得不到挖掘和培养,综合素养得不到提升。

注重拓展、注重游,做不到"教"与"学"。源于这些团队没有师范类专业人才,不了解目前中小学的教育教学大纲,不了解中小学的核心素养,这就很难做到校内外课程有机衔接,做不好研学旅行课程。这种问题的根源一是很多学校认为研学旅行只是添加了一些教育性的综合实践教育,在形式上仍属于春秋游;二是很多小学,为了避免安全问题,一般采用"不出市""不留宿""自带干粮""当天往返"的研学旅行,学生的研学时间大多花在行程上,直接影响了研学旅行教育价值的发挥。

现今市场上的研学课程,多为旅行社或景区在旅游线路上用景点东拼西凑出来的,主题与课程目的不突出。

研学旅行课程设计宜采用"知—行—悟—创"的模式,多方位地搜集当地风土人情、历史文化、地理环境等信息,将研究性学习和旅行体验完美结合,形成一个完整的课程架构。

这个架构包含"基础知识的认知""体验学习的运用""研学思维的激发""研学成果的完成"4个方面。

采用"一校一案"模式,以研学基地的教育资源为基础,并根据中小学教育大纲以及不同学段、不同地区的学生需求,用教育的角度来量身设计研学课程,挖掘教育性,并做到研学成果与课程目标相吻合,校内课程与校外课程相衔接。

研学课程设计时,要做到以下原则:①综合性原则。研学旅行,是一门多学科融合的实践课程。课程实施过程中,要做到"人与自然""人与社会""人与自我"相融合。②实践性原则。旅行体验与研究性学习相结合,"只旅不学"或"只学不旅",走马观花式的研学欠缺教育性。③开放性原则。只是照本宣科,观看一场纪录片,没有开展问题讨论、心得分享环节,那么学生们对研学知识点的了解会过于碎片化,且没有跟实际生活联系起来,做不到学以致用。④跨学科原则。研学主题鲜明,研学过程中做到多元化、综合性知识与多学科知识有机融合。

例如,通过建立"知行悟创"课程模式,以"××矿冶文化主题研学"为例。①"知":了解矿石的成因、构造、作用、美学。②"行":通过铜草花来寻找铜矿、矿石 DIY、矿石的演化模拟。③"悟":"矿冶文化与××风土人情"研究性学习。④"创":研究性学习成果报告、矿石文创成果制作等。

(三)研学导师层面

目前国内尚未出台研学导师培育及认证标准,大多数研学导师由导游、退伍老兵、大学生以及毫无教育背景的社会人士充当。他们的拓展组织能力较强,教学能力较差。

旅行社大多以盈利为目的开展研学旅行,在研学的各个环节上尽量减少成本(如在研学导师方面,直接采用本社工作人员、大学生兼职充当;在研学课程方面,根据景区景点资源随意拼凑;在研学线路上,仍是走传统旅行线路)。因此,大多旅行社提供的研学方案、研学课程缺乏教育视角和立场,最终走形式研学,变相旅游。

这些"研学导师"并不是研学课程的编写者,不了解研学课程的设计理念,不懂得教育学、心理学,也不了解中小学生的认知接受能力和实际需要。如果由他们来引导开展研学旅行,学生的研学教育需求将得不到满足。

国内研学相关管理部门宜联合高校、研究院、示范性研学旅行基地,共同制定一套高标准高要求又具备可操作性的《研学旅行导师评定及服务规范》。

(四)基地营地层面

(1)主题模糊,特色不强。基地(营地)一般以景区、博物馆、农庄等场所为代表。管理层在做研学基地(营地)规划前,并没有确定好商业模式以及产品定位,进而导致这种"单一主题不精准""综合主题无衔接"的不伦不类的现象层出不穷。

(2)重拓展,轻教学。基地(营地)无专业研学课程设计人员,一般由工作人员联合编写研学课程。在内容设计和课程实施方面,仅围绕基地或营地资源设计拓展活动方案,缺乏教育性,做不到校内外课程的有机衔接。

(3)综合实践代替研学旅行。研学旅行,安全第一。部分中小学校考虑到安全风险,市场上即使出现了优秀的研学方案,学校也不敢将学生送出来。研学旅行是一门教育课程,为了完成教育教学任务,学校不得以降低了研学旅行的要求——"不求你学到啥,只求你安全往返",只要顺利完成教育教学任务,做做样子上报即可。

基地(营地)教育建设,可参考以下建议:①课程设计,根据中小学的教育大纲、中小学生核心素养、综合实践活动指南等文件做课程设计;②研学导师,依托与研学旅行相关的高校、政府、研究院、企业,为营地(基地)做顶层设计并落实,定期开展培训班,培养工作人员研学服务专业技能和素养;③学校综合管理,加大中小学研学旅行教育培训工作,加强中小学德育校长、主任、教师对研学旅行的了解,大力宣传研学旅行对素质教育的积极推动作用,并从主客观上规范研学旅行管理工作;④安全管理,研学旅行,安全第一,基地(营地)加大软硬件及配套设施投入,保证无任何研学风险点。

(五)执行层面

研学旅行价格战。旅行社仍以传统旅游思维的报低价去公关中小学校。

面对相似研学产品的冲击,研学供应商采取成本价格战,来撬动不成熟的研学市场,让对研学旅行认知不高的中小学校更难选择,从而导致真正的研学机构进入不了学校,研学旅行成效甚微,落地困难。

某些学校走形式招标并从中谋取利益。校方在组织研学旅行前,未听取家长委员会对研学旅行方案和费用的意见。因此,容易出现校方包办研学旅行并从中获利的现象,那种"只游不学""学游不兼顾"的伪研学也应势而生。

研学旅行是不以盈利为目的的实践教育,学校在开展研学旅行前,应积极发挥家长委员会对研学旅行的监督作用;学校要组织研学旅行评审团队,做好研学方案评审工作,并做到研学事项公开透明。

(六)评价层面

没有完善的研学考核机制,在研学旅行实施的过程中,研学效果定会大打折扣。大多数研学机构在开展研学旅行评审考核工作时,所制定的研学考核标准形式单一、内容空洞,并没有从中小学生的实际情况出发,没有根据学生的个体发展差异性、多元化、多维度等方面进行评价。

要注重学生在研学旅行的始终表现,重视成果,如精神上的洗礼、研学报告的完成、参与性、互动性、适应性等。研学旅行是一种离开家庭、离开学校的集中食宿的教学活动,学生们的团队精神、独立意识、身心变化等都是研学旅行的考核内容。

思考与练习

1. 从对国外研学旅行发展的经验中,我们能得到哪些启示?
2. 国内研学旅行应该从哪些方面深入推进?

运行篇

第二部分

第四章 研学旅行课程及设计思路

◆ 学习引导

研学旅行是一种校外综合实践活动课程,也是一种教育旅游活动。作为一门活动课程,研学旅行应根据学校活动课程的目标,基于学生发展的实际需求,设计活动主题和具体内容;作为一种现代旅游的新业态,研学旅行的实施应符合旅游业的运营、服务规范,并需要整合各类社会资源、自然资源和各种社会力量共同完成。尤其研学旅行作为一门课程的教育属性,决定了其具有很强的专业性,不能等同于一般旅游产品,只是简单、肤浅的开发设计。本章从研学旅行课程的概念入手,介绍了研学旅行课程主题的提炼、研学旅行课程产品的打造及设计。

◆ 学习重点

1. 研学旅行课程的概念、内涵。
2. 研学旅行课程的种类。
3. 研学旅行课程主题的遴选及提炼方法。
4. 研学旅行课程产品的设计思路。

第一节 研学旅行课程概念与内容

研学旅行是一门课程,但是这门课程无论是内涵、设计还是组织实施上均与校内的知识性课程有很大的差异性,其自身具有鲜明的特性。因此,在开发与设计研学旅行课程的时候,我们必须把握其与普通课程的共性与不同点,遵从其内在的特殊规律性。

一、课程的概念

"课程"一词在我国最早出现在唐宋时期,宋代朱熹在《朱子全书·论学》中曾多次提及课程,如"宽着期限,紧着课程""小立课程,大作功夫"等。这里的"课程"含义指的是功课和进程,即学习内容的安排次序等,没有涉及教学方面。到了近代,由于班级授课制的流行,人们开始关注教学的程序和设计,于是课程的含义从"学程"演变成了"教程"。新中国成立以后到20世纪80年代中期之前,受凯洛夫教育学的影响,"课程"一词很少出现在公众面前。

在英语中,"课程"(curriculum)一词最早出现在英国教育家斯宾塞《什么知识最有价值》(1859)一文中,它是从拉丁语"currere"派生出来,意为"跑道"(race-course),最常见的定义是"学习的进程",简称"学程",这一解释在各英文词典中都很普遍。

目前,关于课程的定义很多,据说有一百多种,较核心的说法有三种:一是课程是学科知识的总和,人们往往认为课程表上的内容就是课程,课程是一种知识;二是课程是一种有目标的计划或者学习方案,强调对学生未来发展的一种规划与设想;三是"课程即经验",认为只有让学生参与并亲自从事活动,才可能从中获得经验,才能认识和预见到学习对其现在和未来的行动所产生的后果。值得注意的是,以上三种课程的定义是随着社会的发展而先后产生,体现了人们的知识观、价值观乃至整个教育文化的一种变迁。总的来说,现代课程的内涵实际越来越宽泛了。课程不仅仅是知识,还包括各种情感体验;课程不仅仅是一种有计划的教育方案,无计划、无意识地对学生产生了实际影响的经验也是课程。可谓教育当中"时时有课程,处处有课程"。

教育部等11部门《关于推进中小学生研学旅行的意见》中明确指出,"中小学生研学旅行是由教育部门和学校有计划地组织安排,通过集体旅行、集中食宿方式开展的研究性学习和旅行体验相结合的校外教育活动"。由此可见,研学旅行的研究性和体验性两个基本特征是与现代课程内涵完全契合的。

第一,让学生学会有意义地学习。英国哲学家怀特海认为,不能加以利用的知识是相当有害的。但是当前,学生在学校学到的知识除了应付考试,大部分是不能利用的。因为学生学到的大部分知识已经脱离了原有的生活情境。但是一切知识原本来自生活,是人们通过对自然和社会的观察归纳出来的,可是知识发现的过程在教材中却很少出现。学生虽然学习了知识,但是并不知道这些知识的来源,也就不知道这些知识可以在生活中的哪些方面得以应用。这些知识是"呆滞"的,无法投入运转的,也是容易遗忘的。研学旅行正是一种开放的、立体的、综合性的大课堂,是一种通过旅行中的所见所闻与体验感受,激发学生的兴趣点、问题点、知识点和感悟点,促使学生去研究与关注更多的问题,从而获取知识和能力,培养学生情感的课堂。改变学生的学习方式,让学生学会自己发现知识,用探究和实践的方式去习得个人化的知识,在生活中学习知识,打通各学科知识的界限,并能将学习到的知识运用到自己的生活中,这样的学习才是有意义的。

第二,让学生学会有质量地生活。教育的一个主题是多姿多彩的生活,正如著名教育学家陶行知说"生活即教育""社会即学校""教学做合一"。而当前基础教育阶段的应试教育已经使考试几乎成为教育的唯一主题,再加上学科课程处于一种相互分离、与生活割裂的状态,人们过于关注知识的传授,而忽略了学生当下和未来的生活。"要把笼中的小鸟放到天空去,让它能任意翱翔",旅行体验就是生活本身,在旅行中增长见闻,在真实环境中耳濡目染,在真实生活中学习排队、就餐、洗漱和就寝等集体生活的规则与礼仪,能够培养学生的综合素质与生活能力,指导学生学会激情地、创造性地、快乐地、有质量地生活。而旅行体验更由于其异于日常生活的"新奇特"性,再加上学校集体旅行、集中食宿的方式,创造出与家庭亲子出游完全不同的氛围,成为许多学生毕生难忘的深刻体验。

第三,研学旅行活动课程除了研究性和体验性这两个根本属性之外,还具有计划性、团体性、社会性、综合性等特征。计划性是指研学旅行是一种有计划、有组织的教育活动,是学校课程教育的重要组成部分。与学校组织的春游或者秋游是有区别的。团体性是指研学旅行是一种团进团出的集体旅行活动,与学生个人外出、与家人外出、学生之间自发组织的外出旅行是有区别的。社会性是指研学旅行是一种社会教育活动,与平时在家庭中的教育活动,在校园内的课后兴趣小组、俱乐部活动不同,它通过旅行为学生提供广阔的社会舞台,以旅游地的山川地貌、生物资源、文物古迹、风土人情等作为素材,使学生受到多方面的感染、影响。综合性是指学校各科课程内容都可以融汇在研学旅行活动课程之中,研学课程不同于学科课程的专业性和系统性,是以独特的散点方式呈现的,但比学校课程更具体、生动、直观,更具实践性。

二、课程的种类

研学旅行是一门开放性、探索性的实践课程,具有课程的一般性也具有特殊性,因此研学旅行课程的分类很难找到统一的标准和依据,目前也应允许百花齐放、各抒己见的观点存在,并在充分讨论、探索的基础上,逐步形成更具科学性、规律性和规范性的认识。基于这种考虑,提出如下几种分类的方式。

(一)根据原国家旅游局发布的《研学旅行服务规范》,按照研学的资源类型分类

(1)知识科普类:依托各类博物馆、科技馆、非物质文化遗产场所等资源,引导学生开拓视野并增强文化自觉和自信而设计的课程。

(2)自然观赏类:以自然景区、生态保护区、示范性农业基地、森林公园、动植物园等自然资源为依托,引导学生感受祖国大好河山,树立爱护自然、保护生态意识而设计的课程。

(3)体验考察型:依托各企事业单位、美丽乡村、特色小镇、重大工程、实践教育基地等,引导学生了解基本国情和改革开放成就而设计的课程。

(4)励志拓展型:依托各爱国主义教育基地、革命历史遗址等,引导学生了解革命历史,增长革命战争知识,培育新的时代精神而设计的相关课程。

(5)文化康乐型:以各主题公园、影视城等资源为依托设计的相关课程。

(二)根据教育对象的认知能力和水平,分为小学研学旅行课程、初中研学旅行课程和高中研学旅行课程

人的认识能力是按照由低到高的顺序来逐渐发展的。小学阶段的学生对事物的认识比较片面,对事物的整体认识能力较差,因此研学旅行课程要注意从细微处引领学生从浅入深、由表及里地完成认识过程。小学阶段的研学旅行课程设计应以游览、观光、体验为主,重视游戏性、艺术性内容,减少讲授,以满足这一年龄段学生好玩、喜动的天性。相对于

小学阶段,初中阶段的学生认知能力和水平都有了很大的提高,但仍相对片面,又处在青春期,是一个人成长过程中最强烈期待认可、又经不起打击的阶段,初中生对自身、对他人、对社会都缺少全面客观的认识,因此初中阶段的教育重点应该放在培养学生形成正确的世界观、人生观和价值观,培养学生对自我、对他人、对社会和对自然的正确认知和态度,培养责任担当意识。初中阶段的研学旅行课程应设计更多理解性内容,适当增加竞赛、参与、探索性内容,以满足这一阶段学生强烈的求知欲、好奇心。高中生的认知已经相对全面,能够相对理性地分析和思考问题,所以高中生更愿意探索未知世界。因此,高中生的研学旅行课程设计可以以学生的自我探究、自主活动为主。比如日本将修学列入学术教育体系,修学内容从参观国家公园,访问历史古迹,到学习传统文化知识,涉及职业体验、自然体验、考察先进企业甚至体验商人活动等,涵盖了政治、经济、文化等各个领域。在修学旅行课程实施过程中,日本的学校会依据学生的学段特点安排活动,其中小学生主要就近参观名胜景点或是集体泡温泉;初中生不仅参观名胜景点,而且把教科书中出现的国会议事堂、东京塔等列为参观内容;高中生则倾向于把学习目标定位在了解过去战争的悲惨历史或分小组完成某一个探索性的课题任务等。

在我国,中小学研学课程已经纳入了中小学教育教学计划,中小学综合实践课程是必修课,研学旅行是综合实践活动的重要组成部分,中小学研学旅行有课时保障,高中阶段的研学旅行有相应的学分。表 4-1 所示为不同学段的研学旅行时间与学分建议。

表 4-1 不同学段的研学旅行时间与学分建议

学段	年级	每学年累计研学时间	学分建议
小学	四至六年级	3—5 天	
初中	初一、初二	6—7 天	
高中	高一、高二	8—10 天	4 学分

(三)按照研学资源的教育价值,将课程分为三类

(1)核心课程。核心课程的特点在于:第一,转化课程的资源应该具有核心价值,即具有独特性、教育性、体验性,具有丰富的内涵和持续的教育功效;第二,课程设计专业度高、创新性高、参与度高,应具有鲜明的教育风格,具备比较强的体验性、互动性和知识性,教育效果显著。

(2)重点课程。重点课程相较于核心课程,资源相对次之、建设相对弱化,但对于学生是必不可少的。对学生的人格素养的养成培育,或对于学生关键性能力的培养锻炼有着积极的作用。

(3)一般课程。即研学旅行教育中较为普遍,共性较大的课程。

学校或者社会专业机构应抓住课程建设的基本规律,注重课程建设的逻辑性、递进性,形成核心、重点、一般的梯次结构,抓好研学旅行课程规划的课程建设。

以上研学旅行课程的几种归纳与分类方式,对于研学旅行的课程建设及课程实施,以及课程资源的合理选择和匹配有一定的帮助,但也有待于未来进一步探索其规律,加深对其的认识。

三、课程的内容

教育部等11部门《关于推进中小学生研学旅行的意见》对中小学研学旅行活动课程内容已经有了明确的说明：小学阶段以乡土乡情为主要内容，初中阶段以县情市情为主要内容，高中阶段以省情国情为主要内容。因此设计开展研学旅行活动课程，就必须要结合乡情、市情、省情等，也要结合域情、校情、生情，依托自然和文化遗产、红色教育资源和综合实践基地、大型公共设施、知名院校、工矿企业、科研机构等设计研学旅行活动课程。

结合《中小学德育工作指南》《中小学综合实践活动课程指导纲要》，参照六大核心素养的总体培养目标，在对各地开展的研学旅行活动课程的实践梳理、归纳的基础上，研学旅行课程内容主要涵盖以下六个类别。

(1) 红色革命教育类。《基础教育课程改革纲要（试行）》中提出新课程的培养目标应体现时代要求，要使学生具有爱国主义、集体主义精神，热爱社会主义，继承和发扬中华民族的优秀传统和革命传统；具有社会主义民主法制意识，遵守国家法律和社会公德；逐步形成正确的世界观、人生观、价值观；具有社会责任感，努力为人民服务，成为有理想、有道德、有文化、有纪律的一代新人。研学旅行实践教育活动依托各爱国主义教育基地与红色旅游资源，并根据学生的学段、学科特点和培养目标，开展各种主题的爱国主义教育、缅怀革命先烈等专题研学旅行课程，可以全方位地体现基础教育改革"立德树人"的根本要求。

(2) 地理类。以当地乃至全国特殊地区地理、地形、地貌考察为目标，以特殊地区动物、植物、生态专题探究为主线，让学生用双手去触摸，用眼睛去观察，用智慧去思考，了解独具特色的地理文化，体验家乡的风土人情，激发学生爱祖国、爱家乡、爱自然、爱生活的情感。

(3) 历史文化类。历史类研学旅行内容主要包括历史遗迹、文物与非物质文化遗产、历史聚落、纪念场所、历史题材艺术、家国情怀等方面，主要体现历史、思想政治、社会、语文、地理等学科在研学旅行中的作用。同时，还可以通过与市内外、省内外、国内外友好学校交流互访等方式，使学生体验不同地方的文化差异，开阔视野，提升文化素养。

(4) 科技类。在研学活动中，通过考察科技馆、体验馆、博物馆、天文馆、现代工业、现代农业等，探索科学技术在生活与生产实践和科学实践领域的应用；通过考察环境保护、生态建设、风力和水力发电等新能源的开发和利用，以及纳米技术、灾害预报等激发学生对科技探究的兴趣，培养学生的科技实践创新能力。

(5) 社会类。通过研学旅行活动，深入企业、农村、军营等地了解当前的社会现状，如交通、卫生、网络、饮食、自然保护以及人口构成、就业情况、就医入学等现实状况，让学生体会到经济社会发展给生活带来的变化，感受城市与乡村、传统与现代的变化，从而增强社会角色体验，培养学生的社会责任感。

(6) 体验类。在研学旅行活动中，可按照学科开展主题实践活动，各年级和班级可开展国防教育、野外生存、社会服务、职业体验等活动。如日本初、高中生常去电视台、报社、政府机构等地方研学，目的是让学生了解毕业后可能去的工作场所。学生在研学活动中，还可学习军事知识，加强国防教育，参与军事训练，接受组织纪律教育等。学生走进基地（营地），开展各种野外生存、励志远足、爱心安全演练的训练。掌握实用性较强的地理常识、急救护理知识,培养在物资缺乏或恶劣生存环境下的生存能力。以行为实践为主要形式,以培养青少年的实践能力为目标。

第二节 研学旅行课程主题的提炼

一、课程主题的设计原则

一般而言,每一个研学课程应该有一个研学主题,研学主题是研学课程的纲领,好比写文章的立意,是决定着研学课程内涵和教育意义的关键所在,主题的设计关系到整个学习过程的进行和学习目标的实现以及学习者能力的提高。主题的打造与提炼,是整个研学课程设计过程中非常重要的环节。

《中小学综合实践活动课程指导纲要》(以下简称《纲要》)指出,综合实践活动课程开发要面向学生完整的生活世界,引导学生从日常的学习生活、社会生活或与大自然的接触中提出具有教育意义的活动主题,使学生获得关于自我、社会、自然的真实体验,建立学习与生活的有机联系。要避免仅从学科知识体系出发进行活动设计。

研学旅行作为综合实践活动课程的一部分,课程主题设计要考虑的因素主要取决于三个方面。

第一,主题的设计不是取决于教师能够教什么。传统教学中,教师一般按照教学大纲的要求来决定学生学习的内容,学生没有根据自己的兴趣选择的权利。研学旅行课程以发展学生的能力为目的、以学生为主体,设计中应先考虑学生关心什么、对什么感兴趣,充分发挥学生的主体性。主题要来自自然与社会生活,不能选择那些与学生生活实际相差太远的课题。课程主题要与学生的生活相关,反映学生认为有意义的生活、自然、社会现象,使学习活动成为学生的需求。要多关注来自学生的课题,关注他们的兴趣、经验和现实生活。

第二,要考虑主题对学生的价值。研学主题的设计要基于学生已经具备的知识与能力,帮助他们了解自己所处的世界,了解他人并促进与他人的沟通,了解如何将书本上学来的知识运用到真实的生活情境中,学会去寻找信息与资源的本领,在生活体验中学习新的知识。这样的主题才能够对学生的学习产生意义,才能激发出学生主动探索的热情。

第三,研学主题的设计一定要建立在可以得到和利用的资源上。最好能够基于学校周边的旅游资源,结合本地的特色,开发具有地域特性的主题和课程的研究,让学生多关注周围的社会和生活。另外,也不可忽视教师这一要素,主题设计不可过多地超越教师的知识结构和能力水平。确定课程主题时,教师一定要对本主题的相关知识比较了解,或者在学习活动开始之前一定要充分准备,要查找相关的资料,要预测课程进行中可能会遇到的问题。否则,在研学旅行课程进行中,教师不能很好地帮助到学生,就失去了辅助者的作用。

综上所述,研学主题设计需要综合考虑以上要点,找到教与学的平衡,既符合学生的兴趣和需要,又符合学校可利用资源的实际,也应在教师力所能及的范围之内,这样才有利于研学旅行课程的顺利开展。

二、课程主题的遴选与生成

(一)研学课程主题的遴选

《纲要》把综合实践活动课程的主题分为四大类,分别是考察探究活动、社会服务活动、设计制作活动和职业体验活动,并分别按每大类活动为不同学段的学生推荐了不同的活动主题基本样例(共计152个),纲要的主题使用说明如下。

(1)为了更好地理解和落实《纲要》提出的基本活动方式,其所推荐的活动主题分别是以某一种活动方式为主来呈现的。这些活动方式不是孤立的,一个主题活动往往包含多种活动方式,在主题实施过程中需要学生经历不同的活动方式,才能使活动更加深入和完善。

(2)《纲要》所推荐的活动主题只是样例,其主要依据是立足学生综合素质培养的需要,体现综合实践活动的特征;贴近学生的生活实际和年龄特征,反映时代发展和科技进步的内容,同时兼顾城乡差异;落实团队活动和相关专题教育的要求。

(3)《纲要》列出的主题均有一定弹性,难度可深可浅,时间可长可短。有些主题在不同学段都可以实施,这里只呈现在某一学段,学校可根据实际情况灵活选择和安排。

(4)《纲要》所推荐的活动主题不做硬性规定,仅供学校选择参考。学校可结合实际开发更贴近当地学生生活、富有特色的活动。

  《中小学综合实践活动课程指导纲要》152个活动主题样例

这些主题不仅有活动名称,而且每个主题的活动内容、活动形式以及达到的活动目标也都有简要说明。这些推荐主题都是立足学生综合素质的培养需要,尽可能从学生的真实生活、兴趣和发展需要出发进行的设计,也贴近学生的心理特点和年龄特征,因此同样对于研学旅行课程的主题设计的规范实施能起到示范和引领作用。在进行研学旅行具体课程主题设计时,在充分考虑校情、学情、资源、师资和可行性的情况下,可以进行充分的借鉴与融合,因地制宜并创造性地使用好这些推荐主题。

(二)课程主题的生成

《中小学综合实践活动课程指导纲要》指出,课程实施注重学生主动实践和开放生成,鼓励学生从自身成长需要出发,选择活动主题,主动参与并亲身经历实践过程,体验并践行价值信念。在实施过程中,随着活动的不断展开,在教师指导下,学生可根据实际需要,对活动的目标与内容、组织与方法、过程与步骤等做出动态调整,使活动不断深化。

根据对综合实践活动课程主题开发体系的研究,以及一些学校的实践探索,我们总结归纳出研学旅行课程主题生成的几种模式。

1. 学校传统活动的衍生

鼓励学校对已有的传统活动进行改造、整合,使之成为研学旅行活动的内容来源。例如,学校传统的开学、毕业典礼,春、秋游和家长会,六一儿童节与传统节日活动,艺术节、体育节、科技节等,以及一些主题教育和参观考察等社会实践活动,旨在发展学生的自主探究、个性化发展、深度学习的理念,这与研学旅行课程是相通的,所以都可以与研学旅行课程进行整合。例如,襄阳田家炳中学将原有的革命先烈传统教育活动升级为缅怀先烈之旅的红色教育主题研学课程。

2. 学校周边特色资源的深度开发

每个学校所处的地理位置和人文环境不同,因此学校可以根据自己的情况,进行研学旅行课程的校本化构建,并在这个过程中充分彰显学校的自身特色。

例如,湖北省襄阳市田家炳中学是湖北省内较早开展研学旅行教学的学校。学校坐落在历史文化名城襄阳,城东南约15千米处有一处历史文化名山鹿门山,因诸葛亮的老师、汉末名士庞德公,唐代著名诗人孟浩然、皮日休相继在此隐居而闻名遐迩。校长王平杰介绍,2015年下半年,该校将研学旅行纳入学校正常的教学计划中,各个年级、各个班级都安排了课程计划和专题。比如高一、高二年级全体师生利用主题班会、阅读课及课余时间到图书阅览室、电子阅览室搜集整理浩然文化有关资料,并分别以电子稿形式发送至高一、二年级的浩然文化研学旅行QQ群。2016年4月前学校组织专人整理资料,并编辑成册,形成主题(见表4-2)。2016年4月至5月学校组织学生徒步踏访鹿门寺,欣赏沿途风光,感受风土人情、人文历史、社会变迁,实地考察深入探寻浩然文化。在游中学、学中研、研中思、思中行,研学并举,知行合一。

表4-2 田家炳中学浩然文化研学旅行研究主题

主题	研究内容
1.了解鹿门地貌特色	历史沿革,地理环境,自然资源,景点景观,摩崖石刻
2.研究鹿门风土人情	襄阳城汉江风,婚俗礼仪,饮食习惯,节日传统,茶酒文化,地方戏曲
3.追寻鹿门禅林趣闻	佛教圣地,鹿门禅话,隐士足迹
4.探究浩然奇人奇事	人物生平,轶事典故,诗词作品
5.初探山水田园诗	孟浩然与山水田园派,诗风诗境,诗歌成就
6.后人评述孟浩然	史书记载,诗人纪念,后人评述,后世影响
7.追寻鹿门历史名人	诗人杜甫、李白、皮日休、王维、白居易、黄庭坚等人在襄阳留下很多经典诗篇
8.鹿门文化传承创新	鹿门书院的存续,鹿门旅游的开发利用,你对传承与创新鹿门文化的构想
9.光大浩然文化	楹联,灯谜,谚语,广告宣传语,短信祝福语

研学旅行返校后,再通过一系列活动进行成果展示:①开展征文活动,编撰论文集,编写《浩然文化探寻记》;②开展摄影展,展示精彩瞬间,汇编影集《让生命绽放精彩》;③举办

演讲报告会,评选优秀选手;④为鹿门旅行优化设计行程路线;⑤为"鹿门风光"开展旅游景点公益广告征集宣传活动,擦亮"千古帝乡、智慧襄阳"名片。

在挖掘学校周边特色资源并转化为研学课程的过程中,需要注意的是,地域人文资源是人类社会有史以来所创造的物质的、精神的文明成果总和,是由历史上的人们所创造和积累的遗产,是以物质形态和精神形态两种形态表现出来的一种特殊的、其他任何资源都无法替代的资源。因此人文资源的课程主题,更多的是从精神形态来收集、归纳与提炼本土课程主题,表现在地域文化精神与地域代表人物等两大板块中(见表4-3)。

表 4-3 地域人文资源课程的主题提炼

模块	课程主题(举例)
地域精神探究系列	了解鹿门地貌特色
	研究鹿门风土人情
	追寻鹿门禅林趣闻
	鹿门文化传承与创新
地域代表人物探究系列	探究浩然其人其事
	初探山水田园诗
	后人评述孟浩然
	追寻鹿门历史名人
	光大浩然文化

3. 学生感兴趣的共性问题

兴趣是最好的老师。课程主题只有符合学生的愿望与兴趣,学生才有不断探究、参与的内在动力,行动上才会更加主动,责任感也会更强;反之,如果学生对课程主题不感兴趣,就不能充分发挥自己的主观能动性,也不会在活动中倾注全部心力。所以,研学旅行的课程主题最好是基于学生的需要、兴趣和直接经验来设计。例如,对于高中学段的学生,对于未来的专业选择和职业规划是非常关心的,因此安排他们前往著名高校与名师面对面交流解惑,到图书馆和博物馆体验大学生活,帮助他们确定专业方向就显得很有必要。所以田家炳中学特意为学生安排了书香励志之旅的研学活动,受到了学生的普遍欢迎。

4. 学科活动的渗透与拓展

研学旅行重在"研学","研学"是"研究性学习"的简称。研究性学习作为一种跨学科的综合实践活动,是一种重问题解决与探究过程的综合性学习。与传统的课堂教学注重知识的传授不同,研究性学习更加强调的是知识的建构,这种学习过程更需要的是创设一种情境,让学生以自己的理解方式去认识世界。旅行过程恰好为学生提供的就是一种学习的情境,而且还不是单一、孤立的实践情境,而是相互关联的、多样化的个别情境组成的综合情境,所以需要学生运用多学科的知识和综合素养来共同解决。

例如田家炳中学"汉江水资源保护之旅"校本课程,就是以全新的视角,将汉江作为平台,集多学科于一体的综合教育模式;它将培养学生的各种能力,将对学生品德素质的教育浸润其中;将拓展知识、开阔视野、培养能力,尤其是将创新思维培养和学生品德、价值观塑造有机融合,每个课程、课题的完成都无不体现这些教育理念。

如课题组走进汉江的沿岸地区,对水质进行分组测量。看似简单的任务,其实之前学生们已经学习了汉江的历史、地质的变迁历程、难懂的水资源保护法规。学生在烈日的炙烤下全然不顾,坚持数小时测量、记录数据,再根据记录的数据绘制水质测绘图。这个过程,同学们要运用到地理学、生物学、数学、绘图、历史等知识,充分发挥了聪明才智、丰富的联想和想象力、创造性思维和创新能力,也锻炼了他们制图、绘图的能力,学生的作品和调查报告受到了专家学者的充分肯定。

5. 学生与教师自己发现并提出的主题

教师引导学生在生活中发现问题,提出问题。在这个过程中,主题可由教师提出、学生选择,或由学生提出、教师指导,教师通过多种途径让学生自主拟定出"有趣、可行、富有研究性价值"的主题。例如,武汉小学的"武汉童年记忆"研学旅行课程,一年级学生的研学主题是"家乡的树与花",学生在家长的陪同下,前往市树(水杉)或市花(梅花)的生长地,选定某一棵水杉树或某一棵梅花作为观察对象,并在春夏秋冬四个季节均前往观察一次,以市树(花)的四季为主题画下简笔画。二年级学生的研学主题是"家乡的四季",三年级学生的研学课题是"一方水土一方人",四年级的课题是"民俗与饮食",五年级的课题是"人文历史",六年级的课题是"城市精神"。通过小学六年前后连贯、层层递进的教育活动让学生了解家乡的方方面面,培养学生热爱家乡的情感。

以上五种模式可用图 4-1 加以概括。

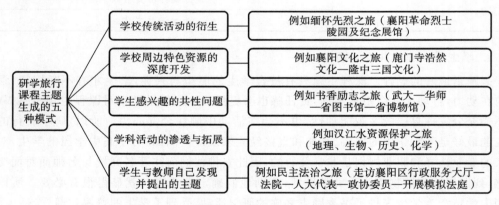

图 4-1　研学旅行课程主题生成的五种模式

三、研学旅行线路主题的统整

从实际操作层面来说,学校在发布研学旅行招标公告的时候,一般会指定一个路线方向和其中必须要包含的核心景点或中心目的地。研学旅行承办机构在此基础上遴选合适的其他课程资源,合理配置,并形成课程。所以,首先应对学校指定的核心景点或中心目的地的资源属性进行分析,对这些课程资源的共有属性和相互关联的特征进行分析,从而提炼出课程主题。然后再根据课程主题结合时间限制条件,在距离中心目的地的一定范围内选择与课程主题相关的其他课程资源,这些其他课程资源需要从其他侧面、不同角度呼应与呈现课程主题的内涵。

下面结合一个案例来分析如何提炼一个研学课程线路的主题。

山东某中学在招标公告中的要求如下。

线路：山东省内四日研学之旅（需包括泰山、曲阜等）。

某旅行社在指定的泰山、曲阜之外又选择了台儿庄和邹城作为课程内容，设计了题为"曲阜—台儿庄—邹城—泰山研学之旅"的课程。

应该说，旅行社设计的这条线路的四个资源都在一条交通路线上，相距的车程也比较合适，满足了时间和空间合理分配的要求，可以比较好地规划四个学习单元。从资源属性上说，邹城是孟子故里，与曲阜相互呼应，是对曲阜学习的儒家文化的有益补充。但是由于课程设计的时候没有考虑主题，所以课程的名称呈现为一串地名。实际上这条线路的课程主题还是很鲜明的，就是对儒家文化的学习研究。四个单元的学习内容正好可以呈现儒家文化的不同内容。

以四个城市作为研学课程的四个学习单元中，显然曲阜是学习单元的核心。曲阜是"至圣"孔子的故里，是儒家文化的圣地，在该单元可以系统学习孔子的生平、思想和儒家文化的历史。而邹城是"亚圣"孟子的故里，在这里可以了解孟子的主要思想，了解孟子思想与孔子思想的异同，分析儒家思想适应社会发展变化的演变，从而回答儒家文化为什么能够成为两千多年来中国传统文化中最核心的主流文化。

台儿庄单元的核心资源为台儿庄大战纪念馆。这一单元的课程内容看起来与儒家文化没有多大关系，这估计也是旅行社一开始没有对课程主题进行统一整理的原因。但是我们知道，儒家文化倡导的"修身齐家治国平天下"是一种责任担当，当国家危难之际，"杀身成仁""舍生取义"是儒家文化的价值追求。保家卫国，慷慨赴死，知其不可而为之，虽千万人吾往矣。台儿庄大战中，面对强敌，中国军人在民族危亡之际，置生死于度外、为国赴难的英雄气概，正是儒家文化这一核心思想的生动体现。

泰山是中国封禅文化最典型的标志景点。在我国漫长的封建社会历史中，到泰山举行隆重的封禅活动，几乎是历朝皇帝的必修课。通过举行封禅，皇帝昭告天下，其权力来自上苍，具有执政的合法性，皇帝是代表上天统治黎民的"天子"。所以，封禅文化从一个侧面体现了儒家文化中"忠君"的思想。

所以，台儿庄单元和泰山单元，也分别呈现了儒家文化的两个核心的思想内涵，完全可以和曲阜、邹城两个学习单元进行主题统一整理。这条线路上的课程进行主题提炼后，可以命名为"山东儒家文化研学之旅"。

第三节　研学旅行产品的打造

一、研学旅行产品的类型

2016年12月，我国首部关于研学旅行服务的行业标准《研学旅行服务规范》（以下简称《规范》）正式发布，根据《规范》第7.1条，将研学旅行产品按照资源类型分为知识科普型、自然观赏型、体验考察型、励志拓展型、文化康乐型五大类。

(1) 知识科普型：主要包括各种类型的博物馆、科技馆、主题展览、动物园、植物园、历史文化遗产、工业项目、科研场所等资源。

(2) 自然观赏型：主要包括山川、江、湖、海、草原、沙漠等资源。

(3) 体验考察型：主要包括农庄、实践基地、夏令营营地或团队拓展基地等资源。

(4) 励志拓展型：主要包括红色教育基地、大学校园、国防教育基地、军营等资源。

(5) 文化康乐型：主要包括各类主题公园、演艺影视城等资源。

二、研学旅行产品的设计思路

《规范》同时规定，要针对不同学段特点和教育目标设计研学旅行产品。其中小学一至三年级参与研学旅行时，宜设计以知识科普型和文化康乐型资源为主的产品，并以乡土乡情研学为主；小学四至六年级参与研学旅行时，宜设计以知识科普型、自然观赏型和励志拓展型为主的产品，并以县情市情研学为主；初中年级参与研学旅行时，宜设计以知识科普型、体验考察型和励志拓展型资源为主的产品，并以县情市情省情研学为主；高中年级参与研学旅行时，宜设计以体验考察型和励志拓展型资源为主的产品，并以省情国情研学为主。

下面从活动的角度分别来说明各种类型研学旅行课程产品的主要设计思路。

（一）自然观赏型主题研学

自然观赏型主题研学的基本要求和活动建议如表 4-4 所示。

表 4-4 自然观赏型主题研学的基本要求和活动建议

基本要求	活动建议
1.认识自然现象与景观	开展自然研学旅行活动，在大自然中引导学生观察自然、认识自然、欣赏自然、爱护自然。例如，学生们在导师的带领下，在活泼热闹的氛围中，进入大自然的怀抱，通过观察、记录自然，在自然中玩耍嬉戏，制作自然手工作品等，收获认知、感悟自然的能力，以及愉悦的团队协作经历
现场发现并识别不同种类的自然现象与自然景观	
探索自然的奥秘，培育对自然景观的审美素养	
通过认识祖国大好河山，培育家国情怀	
2.感受自然生态	开展野外实地观察、研讨等活动。比如，实地考察家乡的某条河流，描述河流的特征，收集资料，讨论"如何保护水资源"。或者对某种地形地貌的典型区域进行实地考察，开展专题知识讲座与竞赛等活动
实地感受自然生态状况，了解区域自然生态特征和成因	
提出对当地生态建设的意见、建议	
3.认识自然规律	
实地印证所学自然规律，分析综合性案例	

（二）知识科普型主题研学

知识科普型主题研学的基本要求与活动建议如表 4-5 所示。

表 4-5　知识科普型主题研学的基本要求与活动建议

基本要求	活动建议
1.科学展览 实地认知，掌握基本的科学原理和方法 了解科技发展成果对当地社会发展的贡献	参观科技场馆，体验科技实验、游艺设施，听取解说，参与互动。参观高新技术开发区、高科技企业、高新农业园区、重大工程建设项目、科研机构和台站，体验实验、生产设施，听取解说，参与互动。与科学家面对面座谈或听讲座，了解最新科技发展前沿成果，了解科学研究的艰辛过程，树立科技强国的伟大理想
2.科学研究 训练实证、严谨的科学思维方式，能够大胆尝试提出问题并寻求积极有效的问题解决方法 初步学会科技研发的程序、方法	学会收集资料，小组分工合作，进行较规范的科学测量及研究过程，并撰写比较规范的科学研究报告。开展各种专题科技考察、团队课题、竞赛等活动

（三）体验考察型主题研学

体验考察型主题研学的基本要求和活动建议如表 4-6 所示。

表 4-6　体验考察型主题研学的基本要求和活动建议

基本要求	活动建议
1.体育与拓展运动 参与、体验社会体育运动，学会减压放松，养成健康生活习惯 参与、体验竞技体育、军事训练与拓展运动，提升刻苦拼搏意志、团队合作竞争意识以及相应能力	观摩体验赛事与运动训练，参与体育运动，接受运动培训，进行集体竞赛。听取、体验、宣传健康生活和运动养生培训。走进野外训练基地、营地，观摩、参加力所能及的野外拓展训练、军事训练、野外生存训练、山地运动、野外探险、定向行军、骑行驾驶等具有挑战性的活动，组织团队、集体竞赛
2.职业素质发展 参与、体验劳动与职业训练，培育劳动与职业素养和技能 参与、体验创业训练，激发潜力，培育创新意识和能力	走进劳动实践基地、营地、厂矿、乡村，亲身践行劳动过程，体验创业、工匠、团队等精神。走进创意工作室、创业孵化基地等场所，观摩创业、创意工作，体验个性化创意、集体创新的过程
3.集体生活 体验、感受集体旅行、生活和研学活动 培育集体荣誉、团结互助、遵守纪律等意识和习惯	组织集体参加志愿者活动，服务社会、社区、弱势群体。举办体验活动实践成果汇报、展示会等

（四）励志拓展型主题研学

励志拓展型主题研学的基本要求和活动建议如表 4-7 所示。

表 4-7 励志拓展型主题研学的基本要求和活动建议

基本要求	活动建议
1. 形成正确的人生观和价值观	中华文化寻根(如"收集、参与、体验、保护、推广家乡的传统文化")等主题。寻访红色足迹(如重走长征路),参观老革命根据地、革命活动和战争遗址、红色名人名事纪念场所,走访当事人和相关人员,实地体验环境与生活,举办革命传统传承培训营、红色故事会等丰富多彩、喜闻乐见的活动。拜访名人故居,了解名人的故事。在活动中激发爱国热情,培育民族精神,增强全球化意识
对自我和他人负责,有规则意识	
团队意识和互助精神	
2. 培育家国情怀	
了解国情历史	
尊重中华传统文化,树立文化自信	
3. 培育理想信念	
了解党的历史和光荣传统	
理解、接受并践行社会主义核心价值观	
实现中华民族伟大复兴的中国梦的信念和行动	

(五)文化康乐型主题研学

文化康乐型主题研学的基本要求和活动建议如表 4-8 所示。

表 4-8 文化康乐型主题研学的基本要求和活动建议

基本要求	活动建议
1. 人文特色	参观博物馆,文化馆,艺术场馆,开放的民族、宗教文化场所,走访当地社区居民,访问相关网站,收集当地文献资料和艺术作品,实地摄录当地代表性人文景观与活动,参与民俗节庆、文化艺术活动。观摩文化创意、工艺、演艺、竞技,收集文化艺术作品,学习和实践工艺、演艺活动,举办艺术推介展示和学习成果汇报演示等活动
实地感知、欣赏人文特色,了解其成因	
感受当地文化建设成果,欣赏文化艺术特色	
2. 历史遗迹与非物质文化遗产	实地拍摄、测量,复原历史,举办专题研讨会、模拟考古发现发布会等活动。学习和实践工艺、演艺,举办文化遗产传习拜师,传统工艺、演艺宣传展示和传承学习汇报演示活动
现场识别、认知文物与非物质文化遗产	
感受、体验文物、非物质文化遗产的历史背景与文化传统	
3. 社会发展	游览市容乡景,参观城乡社区、城乡规划场馆、商业娱乐场所、休闲健身场所、地方特色服务餐饮场所、教育培训机构、医疗养生机构、体育运动场所、温泉服务设施等地。参观各行各业的企业、专业市场、物流场站,乘坐各种交通工具,观摩各种业态的商务活动
了解当地经济社会发展过程和现状	
初步评价区域社会发展质量,发现其问题,提出意见和建议	

思考与练习

1. 研学课程不同于一般的观光旅行线路和传统学科课程的特征有哪些?
2. 研学课程主题选择应该依据哪些原则?
3. 列举研学课程主题生成的主要模式?
4. 研学旅行课程产品包括哪些主要类型,各种类型的设计思路是什么?

第五章
研学旅行课程开发与评价

◆ 学习引导

　　研学旅行是一门行走中的课程,其本质是实践活动课程,有明确的课程目标,系统的教学内容,规范的实施过程和科学的评价体系。在国家的宏观纲要的指导之下,研学课程的具体组织和实施主要由各地方及学校根据自己现有的基础条件以及学生的现实水平作出适当的规划、设计和开发。本章系统地阐述了研学旅行课程开发的体系,从课程目标的设置开始,接着详细阐释了课程开发的流程及具体的课程体例,最后介绍了如何对一门研学课程进行合理的评价。

◆ 学习重点

1. 研学旅行课程培育的关键能力。
2. 研学旅行课程的总体目标(小学、初中、高中学段)。
3. 根据资源的属性来确定研学旅行课程的具体目标。
4. 研学旅行课程开发的流程。
5. 研学旅行课程的体例。
6. 研学旅行课程的评价体系。

第一节　研学旅行课程开发的目标

　　课程目标是指一门课程实施所应达到的学生素质发展的基本质量规格或标准,它既是课程设计和课程实施的出发点,也是归宿。旅行作为研学课程实施的特殊方式,不同于普通学科的理论知识或书本知识,这就决定了其课程目标及课程实施不同于普通学科。

一、研学旅行课程目标概述

基于跨学科综合课程的性质,研学旅行课程目标必然是综合性的。学生参加研学旅行首先要学习新知识,并通过对所学知识的综合应用形成能力,在旅行过程中体验与感悟,在问题解决中拓展思维与方法,在体验、感悟、探究中培养对生命、对同伴、对自然、对家乡、对社会、对国家的感情,形成正确的人生观、价值观和世界观。所以,在研学旅行课程开发中,课程目标的设定应该涵盖知识与能力、过程与方法、情感态度与价值观三维目标的各个方面,并且要以情感态度与价值观目标为着力点。

参照学生核心素养体系,研学旅行课程目标的综合性还体现在对研学旅行课程资源进行合理的规整,体现核心素养指标体系中的全部18个基本要点。在课程开发时,需结合课程内容的资源属性,科学设置课程目标。

作为综合实践课程的一部分,研学旅行课程目标还表现在通过研学旅行达成的探究方法、思维方式、表达技巧、交往能力和科研素养等基本能力。能力是人们顺利完成某种活动所必备的个性心理特征,能力只有在活动中才能得到培养,也只有在活动中才能得到展现和评价,研学旅行课程活动对于培养学生基本的关键性能力,具有得天独厚的优势(见图 5-1)。

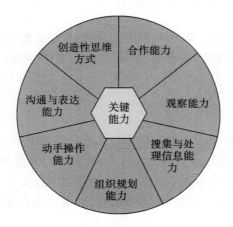

图 5-1　研学旅行课程培养的七大关键能力

研学旅行课程的课程目标包括两个层面,一是课程的总体目标,二是课程的具体目标。

研学旅行课程的总体目标由研学课程的定位决定,总体目标决定了通过实施研学旅行课程,学生应该形成哪些方面的核心素养,应该具备哪些基本能力,应该形成什么样的价值取向。无论哪一种研学旅行,都必须围绕实现这些总体目标设计课程。

《关于推进中小学生研学旅行的意见》指出,研学旅行要"以立德树人、培养人才为根本目的""让广大中小学生在研学旅行中感受祖国大好河山,感受中华传统美德,感受革命光荣历史,感受改革开放伟大成就,增强对'四个自信'的理解和认同,同时学会动手动脑,学会生存生活,学会做人做事,促进身心健康、体魄强健、意志坚强,促进形成正确的世界观、人生观、价值观,培养他们成为德智体美全面发展的社会主义建设者和接班人"。

《中小学综合实践活动课程指导纲要》(以下简称《纲要》),明确规定了综合实践活动课程目标,研学旅行是综合实践活动的重要组成部分,《纲要》对综合实践活动课程目标的规定,也是研学旅行课程目标的确定依据。《纲要》指出:"学生能从个体生活、社会生活及与大自然的接触中获得丰富的实践经验,形成并逐步提升对自然、社会和自我之间内在联系的整体认识,具有价值体认、责任担当、问题解决、创意物化等方面的意识和能力。"

从两个文件的相关表述可以得知,研学旅行课程的总目标包括以下几个方面的内涵。

(1) 研学旅行课程的根本目标是立德树人、培养人才。

(2) 研学旅行课程要提高学生的综合素质并培养学生的关键核心能力。

(3) 研学旅行要培养学生对自我、他人、社会和对自然的正确认知与态度,培养责任担当的意识。

(4) 研学旅行要培养学生对国家的情感和文化、对历史和国家建设成就的认同,增强对"四个自信"的理解与认同。

(5) 研学旅行课程要促进学生身心健康、体魄强健、意志坚强,形成健全的人格和坚强的品质。

(6) 研学旅行课程要促进学生形成正确的世界观、人生观、价值观,培养他们成为德智体美全面发展的社会主义建设者和接班人。

二、研学旅行课程学段总体目标

《纲要》从价值体认、责任担当、问题解决、创意物化等方面明确了中小学综合实践活动课程的学段目标,其中价值体认、责任担当、问题解决三个方面的目标都与研学旅行课程相关。

(一) 小学学段总体目标

《纲要》中与小学学段研学旅行课程目标有关的具体表述如下。

(1) 价值体认:获得有积极意义的价值体验,理解并遵守公共空间的基本行为规范,初步形成集体思想、组织观念,培养对中国共产党的朴素感情,为自己是中国人感到自豪。

(2) 责任担当:初步养成自理能力、自立精神、热爱生活的态度,具有积极参与学校和社区生活的意愿。

(3) 问题解决:发现并提出自己感兴趣的问题,能将问题转化为研究小课题,体验课题研究的过程与方法,提出自己的想法,能够对问题做出初步解释。

可见,对小学生而言,在价值体认方面,要让学生获得初步的价值体验,理解并遵守基本的行为规范,培养对集体、社会、党和国家的朴素情感。在责任担当方面,重在培养学生的自理能力和参与意识。在问题解决方面,重在培养学生发现问题的能力,并体验解决问题的过程与方法,能够提出自己的想法和解释。简单来说,小学学段的研学旅行课程要让学生通过体验、感知,学会基本的规范,发展基本的能力,形成正确的情感态度与价值观。

(二) 初中阶段总体目标

《纲要》中与初中学段研学旅行课程目标相关的具体表述如下。

(1) 价值体认:亲历社会实践,加深有积极意义的价值体验。能主动分享体验和感受,与老师、同伴交流思想认识,形成家乡情怀,国家认同,热爱中国共产党。通过职业体验活动,发展兴趣专长,形成积极的劳动观念和态度,具有初步的生涯规划意识和能力。

(2)责任担当:养成独立的生活习惯,初步形成探究社会问题的意识,初步形成对自我、学校、社会负责任的态度和社会公德意识,初步具备法治观念。

(3)问题解决:能关注自然、社会、生活中的现象,深入思考并提出有价值的问题,将问题转化为有价值的研究课题,学会运用科学方法开展研究。能主动运用所学知识理解与解决问题,并做出基于证据的解释,形成基本符合规范的研究报告或其他形式的研究成果。

(三)高中阶段总体目标

《纲要》中与高中学段研学旅行课程目标有关的具体表述如下。

(1)价值体认:深化社会规则体验、国家认同、文化自信,初步体悟个人成长与职业选择、社会进步、国家发展和人类命运共同体的关系,增强根据自身兴趣专长进行生涯规划和职业选择的能力,强化对中国共产党的认识和感情,具有建设中国特色社会主义共同理想和国际视野。

(2)责任担当:关心他人、社区和社会发展,能持续参加社区服务与社会实践活动,关注社区及社会存在的主要问题,热心参与志愿者活动和公益活动,增强社会责任意识和法治观念,形成主动服务他人、服务社会的意识,理解并践行社会公德,提高社会服务的能力。

(3)问题解决:能对个人感兴趣的领域开展广泛的实践探索,提出具有一定新意和深度的问题,综合运用知识分析问题,用科学方法开展研究,增强解决实际问题的能力。能及时对研究过程及研究结果进行审视、反思并优化调整,构建基于证据的、具有说服力的解释,形成比较规范的研究报告或其他形式的研究成果。

从以上的目标陈述可见,各个学段的目标是既相互关联又依次阶梯上升的一个体系。以价值体认目标为例,小学生的目标主要是获得积极的体验(播种);初中生的目标更深一步,要能主动分享体验与感受,并增加了职业体验的内容(发芽);高中生的目标更进一步,是要树立理想与国际化的视野(长大)。在问题解决能力方面,小学生的目标是能提出自己的想法,培养发现问题的能力;初中生要能深入思考,并能主动运用所学知识解决问题;高中生则要对个人感兴趣的领域开展广泛的实践探索,并能使用科学研究方法进行比较规范的研究。在进行研学课程规划的时候,必须充分考虑各个学段的总体目标,所制定的课程目标与之尽量保持一致,不能偏高或者偏低。

三、研学旅行课程的具体目标

研学旅行课程的具体目标是指在具体的研学旅行课程中,依托学习游览资源的属性,通过学习可以达成的具体目标。具体目标具有显著的发散性,这种发散性体现在两个方面:一是不同线路课程的具体目标不同。具体目标是根据课程资源的属性而具体设计的,不同课程的资源属性不同,课程的具体目标也就不同。二是课程在实施中各个学生的学习结果各不相同。即使是同一课程实施的过程中,由于学习资源的情境化和多元化,每个学生观察分析问题的角度不同,原有的知识储备和认知基础不同,其学习结果也一定是不同的。所以在研学课程设计时对具体教学目标的设定必须考虑到这一点,教学目标不宜过于僵化教条。

科学、准确、切实地制定研学旅行课程的具体目标,是研学旅行区别于观光旅行,能够取得课程教育效果的重要基础。要准确地制定研学旅行课程的具体目标,首先要准确界定学习游览资源的属性。

总体来看,研学旅行的学习游览资源具有五个方面的属性,即文化属性、自然属性、历史属性、科技属性和教育属性。一个研学课程,可以同时具备一个或多个属性,通常会有一个属性为该资源的主要属性。在不同主题的线路课程中,同一资源往往也需要体现或突出不同的属性。下面结合案例来说明,如何依据学习资源的属性来确定研学旅行课程的具体目标。

（一）依据资源的文化属性

有的实践教育基地具有典型的文化属性,是传统文化或者地域文化的典型代表。当把这样的学习游览资源作为课程内容呈现给学生时,应该达成的学习结果首先应该是对资源所承载的文化知识的认识或再认识,对资源所表达的文化理念的认同或甄别,以及对资源所传递的文化价值的传承或思辨。

这样的游览资源如山东曲阜"三孔"景区、四川成都杜甫草堂景区、甘肃敦煌、湖北武汉黄鹤楼景区等。

 案例1　　山东曲阜"三孔"景区课程目标（初中学生）

课程目标：

（1）认知学习研学导师讲解的景区中表现儒家文化的文物和相关知识,结合所学过的《论语》中的经典篇章,深刻理解儒家文化的核心内涵,思考儒家文化在现代社会教化中的作用和意义。

（2）孔子周游列国可以认为是我国最早的游学活动,全面了解孔子周游列国的历程,深刻理解孔子的游历对其思想发展所起的作用,体会研学旅行活动对个人人生发展的重要意义。

（3）认真观察学习景区中的碑刻艺术,了解我国碑刻在书法艺术和文化传承中的重要地位,了解拓片的制作工艺和拓片文化。

以上主要是根据资源的文化属性而确定的课程目标。而该景区同时也具备其他的属性,比如景区中的古树属于自然资源,据此可以制定相应的自然属性的课程目标。孔府和孔林所记载的孔氏家族史,也具有历史资源的属性,可以据此制定历史方面的课程目标。

案例 2　丝路敦煌文化研学课程目标（小学高年级学生）

课程目标：
(1) 了解"敦""煌"两个字的意思，敦煌的地理位置及古丝绸之路的国内线路，并简单了解敦煌的历史及定位（文化熔炉、军事重镇及艺术宝库）。
(2) 了解敦煌的民间习俗及特产。
(3) 了解关于敦煌的古诗（写作背景及诗人所抒发的感情）。
(4) 实地观察敦煌壁画，了解敦煌壁画的价值、类别，并简单认识敦煌壁画的色彩与纹样特点等。

（二）依据资源的历史属性

一般来说，多数具有文化属性的学习资源也同时具有历史属性，而以历史属性为主要特征的学习资源，通常也具有文化属性。但是二者之间还是有着明显区别的，有的以文化属性为主，有的以历史属性为主。比如同样是博物馆，民俗博物馆就是以文化属性为主，而历史博物馆则以历史属性为主。同样是名人主题的景点，武侯祠展现的是诸葛亮所处的三国时期的历史画卷，以历史属性为主；而杜甫草堂则呈现给学习者的是唐诗和唐代诗人的艺术殿堂，以文化属性为主。

以历史属性为主的学习资源主要有各地的历史博物馆，例如中国国家博物馆、陕西历史博物馆等，还有重要历史人物、历史事件的纪念馆以及考古和文化文明遗址，例如台儿庄大战纪念馆、西柏坡纪念馆、彭德怀纪念馆、林则徐纪念馆、圆明园遗址公园、城子崖遗址等。

具有历史属性的学习资源的课程目标，要依据资源的特点，主要设定为学习和拓展历史知识，学会用历史唯物主义的思维分析历史，在历史事件的情境学习中形成正确的价值观等。

案例 3　南京大屠杀纪念馆学习目标（初中学生）

课程目标：
(1) 全面了解南京大屠杀的历史事实，了解日本侵略者在中国犯下的滔天罪行，铭记历史，勿忘国耻。
(2) 了解南京大屠杀发生的历史背景，深刻理解落后就要挨打的历史教训。奋发有为，为献身祖国建设大业、保卫祖国和平、实现中华民族伟大复兴的中国梦而努力学习。

（三）依据资源的自然属性

祖国的大好河山或秀美，或奇绝，或广袤，或雄伟，无数鬼斧神工，"引无数英雄竞折腰"，这些风景名胜就是具有自然属性的学习游览资源。此类学习资源异常丰富，也是观光游的主要游览内容。研学旅行课程要特别注意区别于一般的观光游览，凸显出课程目标的显著特征，要注意课程内容的呈现方式，突出感受与体验、欣赏与保护、考察与探究等过程与方法目标。同时，由于中国传统"天人合一"的自然哲学的影响，名山胜景的人文资源同样非常丰厚，所以自然资源属性的课程目标往往也并不单一，与人文考察的目标往往相互交织。

案例4　武夷山山水人文研学课程目标（初中学生）

课程目标：
（1）感受非遗文化，体验茶艺茶道。了解茶从生长到被制成饮品的历程，懂得以茶为媒的生活礼仪，了解以茶修身的生活方式。
（2）领略自然奇观，探究丹霞地貌。观览千姿百态的奇山幽谷，欣赏悠悠流淌的九曲碧水，在博物实景课堂中探究地球奥秘。
（3）感悟深厚人文，领悟先贤家训。探究宋代理学大家朱熹的齐家修身学说，学习先贤的优秀思想和治学之道。

案例5　认识武大古树学习单元（小学生）

课程目标：
（1）认识古树名木，感受其旺盛的生命力和对人类的贡献。
（2）辨识武大花树，认识武大花园式校园的特点。
（3）认识武大诸多树种，了解生态常识。

（四）依据资源的科技属性

具有科技属性的学习资源类型很多，例如各地的科技馆、专业研究所、工厂的生产车间、大学或研究机构的实验室、工业遗址公园、农业试验田等。

在对以科技属性为主要特征的学习资源进行课程设计时，其教学目标的设置一般要从知识与原理、科技发展的历史与现状、学生生涯规划的职业知识储备、科学研究和应用的体验、培养学生的科学兴趣、激发学生的爱国情怀方面着力。

案例 6　　首都工业遗址公园单元学习目标（初中学生）

课程目标：
（1）学习了解钢铁生产的工艺流程。
（2）结合参观钢铁生产的工艺流程，回忆在各个生产环节上与所学化学知识相关的内容。
（3）通过首钢的历史，了解我国近现代钢铁工业的发展历史。

（五）依据资源的教育属性

从研学课程的本质出发，所有的学习游览资源都是具有教育属性的，但有的学习游览资源是以教育性为主的，例如各类著名高等院校、各类爱国教育基地等。

这一类学习资源课程目标的设定主要以引导学生进行科学的生涯规划、培养理想信念、培育家国情怀、形成正确的人生观和价值观为主要目标。

案例 7　　武汉大学名人雕塑学习单元目标

小学阶段课程目标：
通过雕塑认识两至三位武汉大学历史上的名人，记住名人的简单故事，学习名人的高尚品质和伟大胸怀，从小树立远大理想。
中学阶段课程目标：
通过寻访武大名人雕塑，了解武大名人的事迹和他们的崇高精神，提炼武大的人文底蕴。

案例 8　　专业选择与职业规划讲座（初/高中学生）

课程目标：
针对新高考要求，帮助学生了解自己，选择适合自己的专业，以便将来可以从事自己喜欢的职业。具体来说，为初三、高一学生和家长解决高一的学科选择问题，为高二、高三的学生解决所选学科与大学专业的对应问题。

四、研学课程目标的陈述方法

新课程改革以来，在基础教育领域推行的教学目标陈述方法普遍为三维目标陈述，即知识与技能目标、过程与方法目标、情感态度与价值观目标。

（一）知识与技能目标

主要包括人类生存所必须的核心知识和学科基本知识，以及获取、收集、处理、运用信息的能力，创新精神和实践能力，终身学习的愿望和能力。

知识与技能目标举例：

（1）通过观察武汉大学的老建筑，了解武大老建筑独特的美学特色和艺术价值，以及武大老建筑所见证的历史。（说明：本目标陈述侧重于知识的学习。）

（2）通过了解武汉大学的知名学者和科研机构，认识武大的大师团队，明白武大成为知名高校的根本原因。（说明：本目标陈述侧重于基本能力中的观察、收集信息及分析运用能力。）

（二）过程与方法目标

主要包括人类生存所必须的过程与方法。"过程"是指应答性学习环境的交往、体验。"方法"包括基本的学习方式，例如自主学习、小组合作学习、发现式学习、探究式学习等。

过程与方法目标举例：

（1）通过漫步于武大充满文化情趣的林间小路，感受文化气息，并尝试路面设计构想。（说明：本目标陈述侧重于通过体验、探究的方式学习。）

（2）参观名师讲座，与名师面对面沟通，解开人生成长过程中的困惑。（说明：本目标陈述侧重通过交往的方式进行学习。）

（3）以小组为单位，寻找武大标有树木名称的小石头，记录武大树种，认识武大树种的多样性。（说明：本目标陈述侧重于具体的学习方式。）

（三）情感态度与价值观目标

"情感态度"包括学习兴趣、学习责任、乐观的生活态度、求实的科学态度和宽容的人生态度。"价值观"既强调个人的价值，更强调个人价值和社会价值的统一；既强调科学价值，更强调科学价值与人文价值的统一；既强调人类价值，更强调人类价值和自然价值的统一，从而使学生内心坚定起对真善美的价值追求，树立人与自然和谐及可持续发展的理念。

情感态度与价值观目标举例：

（1）通过寻访武大名人雕塑，了解这些名人的成就贡献、胸怀担当，体味武大的人文底蕴。（说明：本目标陈述侧重于对武大名人所表达的情感态度的体验。）

（2）通过雕塑认识两至三位武大历史名人，记住名人的简单故事，学习名人的高尚品质和伟大胸怀，从小树立远大理想。（说明：本目标陈述侧重于价值观的确立。）

第二节　研学旅行课程开发的模式

研学旅行课程开发的模式根据开发主体的不同而有一定的区别，主要有五种模式，即主办方开发、承办方开发、供应方开发、联合开发和委托开发。

一、主办方开发

学校是研学旅行的主办方,所谓主办方开发也就是以学校为开发主体的课程开发。这类开发方式一般只有那些具有丰富的课程开发经验和较高的课程实施水平的学校采用。这些学校一般都是一些地区名校甚至是全国名校。

学校自主开发研学旅行课程,通常按照下列步骤进行。

第一,根据学校教学理念,结合学段要求和学校课程计划,确定研学旅行线路和课程主题,再根据所确定的研学主题选定课程线路的核心目的地城市或者研学基地(景区)。

第二,在课程路线上选择资源内容可以和核心目的地城市相匹配的其他城市或景点作为课程的补充单元课程内容,这些补充单元课程内容的学习资源的属性应该和核心目的地城市的资源属性相一致或相补充。

第三,对选定的课程资源,依据资源的属性和课程主题,进行单元化课程整合,并根据时间和空间条件理顺单元课程顺序。

第四,进行线路勘察,收集课程资源信息,分析资源属性。

第五,根据课程总体目标和单元课程学习资源的属性制定科学、规范、适合的单元课程目标。

第六,编写课程资源详述,制定过程性学习任务和课后作业。

第七,确定单元课程评价方案。

第八,确定课程实施条件及注意事项。

第九,明确课程实施的角色分工。

第十,形成课程,制作研学旅行手册。

具体开发工作流程如图 5-2 所示。

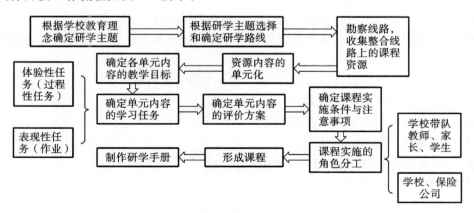

图 5-2　主办方(学校)研学旅行课程开发流程

这种课程开发模式的优点是学校可以完全按照自己的教学理念开发课程,由自己的教师负责课程设计,自己的教师作为课程实施的研学导师,可以有效保证研学旅行课程的教育性。但这种开发也具有明显的不足之处,首先,这种方式对学校教师的要求极高,由于研学课程是一门跨学科、跨领域的综合性课程,不是所有的学校都拥有具备这类课程开发能力的教师。其次,学校开发研学课程所需要投入的时间成本、人力成本和经济成本较大,学校需要额外安排教师来收集信息、勘察路线,对于师资不是很充沛、学校教学任务较重的学校而言是难以承受的。最后,学校自行开发及自主实施课程,学校需要承担的安全风险较大。

二、承办方开发

承办方是指旅行社或具有承办研学旅行资质和能力的专业机构(如教育机构、体育机构等)。旅行社及专业机构进行研学旅行课程开发,既有自己的优势,也有先天的不足。

作为承办方的旅行社或研学旅行专业机构具有丰富的资源,包括目的地资源、交通资源、旅游人力资源、信息资源等。这些资源是一般学校不具备的。所以,旅行社和研学旅行专业机构在设计研学旅行课程时具有明显的资源优势。

但是旅行社等机构也有自己的先天不足。课程理论是教育领域中较高层次的教育理论,即使是一般的学校专任教师也不具备课程设计与开发的能力。旅行社等机构的从业人员很难设计出体现课程的科学性、规范性、教育性的方案。所以,旅行社等机构在承接业务后,往往会另外聘请教育界的人士或委托第三方来设计课程。

旅行社等承办方进行研学课程开发的步骤如下。

第一,根据主办方发布的招标公告,确定研学主题,选定课程路线的核心节点城市,根据核心节点城市的研学资源拟定课程主题。

第二,在课程路线上选择资源内容可以和核心目的地城市相匹配的其他城市或景点作为课程的补充单元课程内容,这些补充单元课程内容的学习资源的属性应该和核心目的地城市的资源属性相一致或相补充。

第三,对选定的课程资源,依据资源的属性和课程主题,进行单元化课程整合,并根据时间和空间条件理顺单元课程顺序。

第四,进行线路勘察,收集课程资源信息,分析资源属性。

第五,根据课程总体目标和单元课程学习资源的属性制定科学、规范、合适的单元课程目标。

第六,编写课程资源详述,制定过程性学习任务和课后作业。

第七,确定单元课程评价方案。

第八,确定课程实施条件及注意事项。

第九,明确课程实施的角色分工。

第十,形成课程,制作研学旅行手册。

具体开发工作流程如图 5-3 所示。

三、供应方开发

《研学旅行服务规范》中所定义的研学旅行供应方是指与研学旅行活动承办方签订合同,提供旅行地接、交通、住宿、餐饮等服务的机构。而研学旅行课程开发的供应方指的是其中的景区、研学实践教育基地、具有系统性行业资源的专业机构等。不同类型的供应方

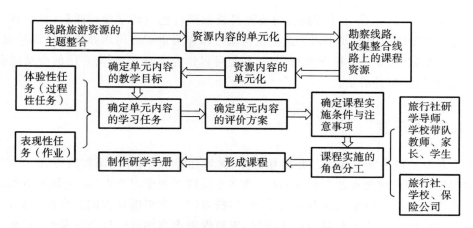

图 5-3　承办方研学旅行课程开发流程

进行研学课程开发的步骤和流程略有区别。

景区、研学实践教育基地等供应方进行研学课程开发的步骤如下。

第一，分析本机构资源的多重属性，根据不同的属性，明确本资源可以匹配的课程主题类型，将本资源与一定地域或线路上的其他相关资源进行主题整合。

第二，把本机构的资源作为一个学习单元，根据资源的属性制定科学、规范、合适的单元课程目标。

第三，编写课程资源详述，制定过程性学习任务和课后作业。

第四，制定单元课程评价方案。

第五，确定课程实施条件及注意事项。

第六，把本单元的课程植入相关主题的课程序列之中。

第七，形成课程，制作研学旅行手册。

具体开发工作流程如图 5-4 所示。

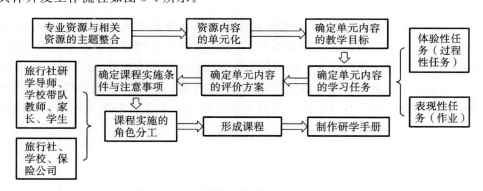

图 5-4　供应方研学旅行课程开发流程

供应方在进行研学旅行课程开发的时候，要根据自身资源的特色，将自身的课程进行定位，既可以开发研学课程体系中的一个单元，也可以开发全部的研学旅行课程。既可以与承办方合作，把自己的资源嫁接移植到他们所开发的课程中去，也可以把自己的课程资源提供给对方，由对方进行资源整合，开发出适用的研学旅行课程。

有一部分专业机构具有系统性的行业资源，例如学生定向运动协会、房车露营协会、户外教育协会等,可以依据自身所拥有的资源打造独具特色的研学旅行课程,其课程开发模式与承办方开发课程的模式相同。这些机构既可以作为供应方向承办方提供课程资源,也可以作为承办方,独立承办研学旅行课程,甚至可以作为主办方,面向自己的会员或会员单位,独立组织研学旅行活动。

四、联合开发

联合开发是指主办方和承办方相互协作、优势互补、共同开发课程的方式。作为主办方的学校提供教育理念和课程总体目标,承办方提供课程学习资源,由主办方和承办方分别派出自己的专业人员组成课程开发小组,学校教师负责把握课程的教育性方向,设计课程内容的过程性学习任务和课后作业研发,审核课程内容的科学性和规范性,承办方负责编制课程资源详述和课程实施条件,编制课程实施活动注意事项、安全防范措施和应急预案,双方共同研制课程具体目标和课程评价体系。在此基础上共同编制研学旅行手册。

在联合开发模式中,学校是核心主体,最终开发的课程需要通过学校的审核才可以实施。

五、委托开发

研学旅行课程的开发不同于其他学科课程开发,主要在于其课程的跨学科、跨领域的特点。研学旅行课程开发人员既要掌握旅游行业的相关知识,又要掌握教育领域的相关知识;既要掌握综合实践活动课程本身的知识,又要掌握多学科的知识;既要有对知识的文字表达与整合能力,又要有系统深刻的思维构建能力,对各类文化能做出深刻的理解和分析,对学生进行科学、深刻、合适的学习指导,而一般的学校教师和旅行机构的从业人员很难具备这样的能力。

为了满足行业的需求,近两年一些专业的研学旅行学术机构相继成立,开始开展一些课程设计的业务。无论主办方还是承办方,未来课程的开发都可以采取委托开发的方式,委托这些专业课程设计机构完成。虽然目前研学旅行学术研究机构还不是很多,而且良莠不齐。作为未来研学旅行行业的衍生产业,研学旅行课程设计与研发具有广阔的前景,必定会吸引一些对研学旅行行业感兴趣的教育领域的专业人士。未来委托开发的模式将会逐渐成为一种主要的课程开发方式。

第三节　研学旅行课程体例与案例

研学旅行是一门特殊的课程,是在户外进行的实践活动课程。研学实践工作者在广泛的研学旅行实践探索经验的基础上,总结了一套研学旅行课程体例。该课程体例是基于研学旅行课程方案设计的一种导引,主要是基于研学课程各基本要素的一些考虑,在实际运用中,可根据具体情况,灵活运用并适当增删。

一、研学旅行课程体例

研学旅行课程体例如下。

（一）研学课程方案名称，简称课程名称

（二）课程背景

（三）课程方案适应学龄对象，简称课程对象

（四）课时建议

（五）课程教学目标，简称课程目标

（六）研学旅行过程，简称研学行程

1. 课前导入
2. 研学当日（参观与体验项目）
3. 课后总结与分享

（七）师资安排

（八）课程评价

（九）课后建议

（十）安全保障

下面对"体例"中的重点项目予以说明。

1. 课程名称

研学课程一般命名为"××研学课程方案"，其中以"资源名称＋资源特征"的命名方式最为常见，例如"古赤壁三国文化研学课程方案""黄山徽文化研学课程方案""秦人精神——秦始皇陵兵马俑博物馆研学课程方案"等。

2. 课程背景

课程背景包括研学旅行目的地和重要的课程资源的简介，阐明课程设计的出发点和价值意义，以及对学生的学情分析等。

3. 课程目标

课程目标指本次课程学习的具体课程目标，课程目标可以是单一的，亦可以是多元的，课程目标要求清晰、具体、得宜、可达到、可操作。

4. 研学行程

研学行程是研学课程方案设计的重点所在。一次研学旅行活动，短则一两天，多则七八天，通过设计各类型的体验项目，用于引导学生进行实践探索或者激发深度思维的体悟。

5. 师资安排

既然是课程，就需要有课程老师。研学课程的师资主要有研学导师、学校带队老师、特聘讲师、研学基地讲解人员等。

6. 课程评价

研学旅行课程无须考试，但一定要通过课程评价体系建构、评价机制建构，促进教与学的不断完善与优化。一般行为习惯的表现评价以及景区或基地特别要求的执行情况评价

应明确陈述具体的行为要求,一般应提供评价指标,评价指标可以以评价量表的形式呈现。

7. 安全保障

安全是研学旅行的前提,缺少它,一切研学旅行课程践行都无从谈起。该项包括安全注意事项、景区游览的特殊要求和相关规定、纪律要求、集合时间地点等。

二、研学旅行课程案例

(一)课程名称

首义文化研学旅行课程方案。

(二)课程背景

本课程将"辛亥革命博物馆""楚望台遗址公园"等参观资源,"武汉大学""汉口老租界"等活动体验资源,武汉大学名师以及研学导师等师资资源转化为本课程的内容,开展丰富的课程活动,以加深学生对"武昌首义"这一历史事件的认识与理解,激发学生的爱国主义情怀。课程对象为初中一年级、二年级学生,其正处在价值观形成的关键时期,可以引导他们初步思考近代中国的落后根源是什么,并感受近代青年们爱国图强的奋发精神。

(三)课程对象

初中一年级、二年级学生。

(四)课时建议(见表5-1)

表 5-1 课时建议

课程设置	课程说明	课程时间
课前导入	行前一课	1课时
	辛亥革命知多少	灵活安排
研学行中 (共计三天)	参观考察课程	6课时
	体验互动课程	3课时
	专家讲座课程	2课时
	延展课程	1课时
	分享总结课程	2课时
课后建议	课后指导课程	自定

(五)课程目标

(1)通过参观辛亥革命博物馆,聆听专业讲解,查找革命故事,了解辛亥革命发生的背景及历史价值。

(2)通过聆听武汉大学历史名师讲述武昌首义和首义文化,深入了解武昌首义及辛亥革命的文化知识。

（3）通过实地走访考察，了解武昌首义进攻路线，感知武汉城市的历史发展，体会革命爆发的艰难，感受现在幸福生活的来之不易。

（六）研学行程

1. 课前导入

（1）行前一课（授课人：研学导师/老师）。

讲述此次研学的具体行程安排、注意事项、简单的背景知识。

（2）辛亥革命知多少（学生自主完成）。

①搜集或温习有关武昌首义和辛亥革命的相关资料，并写学习笔记。

②了解武汉城市精神"敢为人先，追求卓越"的由来。

2. 研学行中（见表 5-2）

表 5-2 研学行中课程内容

课程说明	课程地点	内容概述	授课人
参观考察课程	辛亥革命博物馆	了解辛亥革命的历史背景和发展过程	研学导师＋老师
	楚望台遗址公园	触摸历史痕迹，感知起义过程	研学导师
体验互动课程	汉口老租界	走进汉口老租界，寻访辛亥革命历史遗迹	研学导师
讲座	武汉大学	了解武昌首义及首义文化	武汉大学历史学教授
延展课程	黄鹤楼风景区	学习黄鹤楼诗词	研学导师
分享总结课程	教室或者室外空旷的场地	组织研学主题讨论会，整理研学研究报告，制作研学手抄报	研学导师/老师

（七）师资安排

（1）专业研学导师：负责带领学生开展研学体验活动和引导分享。

（2）学校带队老师：协助研学导师指导课前导入的相关内容。本课程建议由历史老师带队，以便活动中解答相关问题。

（3）武汉大学历史学教授：中国近代史的研究专家，负责辛亥革命历史讲座，具体讲述武昌首义及首义文化等内容。

（4）随团人员：负责团队后勤保障并协调解决其他可能出现的问题。

（八）课后建议

（1）阅读《辛亥：摇晃的中国》和《孙中山传》两本图书，多方面地了解辛亥革命。

（2）走访辛亥革命历史遗址，如武汉蛇山起义炮台，或前往烈士陵园祭奠革命烈士。

（3）与同伴一起调研中国封建传统民俗，了解其背后的历史原因。

（九）课程评价

为了评估和检测研学旅行效果，请相关负责老师和学生积极参与评价工作，填写

表5-3。

表 5-3　课程评价表

学校		姓名		年(班)级		性别	
学生选填项目	研学主题文化知识		(1)1912年在南京成立了_____，革除了哪些封建旧俗？（至少写四个） (2)辛亥革命第一枪，为什么在武昌打响？ (3)你觉得对辛亥革命具有重要影响的人物是谁？为什么？				
	研学体验教育活动		(1)研学旅行活动中你扮演的是哪个角色？发挥了哪些作用？ (2)在活动中你收获了什么？（从知识、能力的角度来回答） (3)武汉沿江大道有哪些历史建筑？它们与辛亥革命的爆发有着怎样的关系？				
	团队共处与生活能力		(1)在研学旅行体验活动中我做到了_____。（多选） A.认真参与每项活动，积极献言献策 B.尊重队内成员，倾听同伴意见 C.积极配合同伴，具有协作精神 (2)在研学旅行自理方面我做到了_____。（多选） A.将行李箱整理得更整洁 B.自己清洗衣物 C.合理分配零花钱				
教师选评项目	研学旅行整体观察评价		A.优秀　B.良好　C.待提高				
	求知态度与方法		A.优秀　B.良好　C.待提高				
	团队共处表现		A.优秀　B.良好　C.待提高				
	自理意识与生活能力		A.优秀　B.良好　C.待提高				
	旅行文明与环保意识		A.优秀　B.良好　C.待提高				

（十）安全保障

良好的保障服务是顺利开展活动的前提，只有服务到位，学生才能安全地在活动中学到知识、收获快乐。

1. 统筹规划

制定活动安全预案和应急方案，为参与活动的学生购置旅行责任险；带队工作人员应具备应急知识技能，如遇突发事件能及时实施救援。

2. 人员配置

每台车配备一名专业研学导师，带领学生完成各项研学任务，与带队老师一起保证学生的安全和活动的开展。

3. 交通安排

车辆具有运营资格证、年审合格证、环保资格证，购置国家要求的车上人员保险，司乘人员须具有丰富的行车经验，掌握应急知识技能，具有处理突发事件的经验，如遇突发事件能及时实施救援。

4. 住宿安排

切实安排好集体住宿，确保住宿酒店卫生达标。酒店须有应急通道、应急标识、应急工具和逃生安全区。

5. 餐饮安排

选定安全卫生合格的餐饮单位和卫生安全达标的食品。如有餐饮安全事故发生，应及时展开救援，并在第一时间通知相关单位和事发地的110、120，通知公安、卫生、食品等行政主管部门，必须追究事故相关责任人的刑事责任。

6. 其他安排

如遇到不可抗力或恶劣天气时，应取消或调整活动安排，待条件允许时再开展活动。

第四节 研学旅行课程评价体系

研学旅行作为一门课程，应有课程评价。但是，作为一门活动课程，研学旅行与传统学科课程大不相同，因此，其课程评价方式、评价维度也会大不相同，这些都需要不断探索，以总结与完善课程评价体系与评价方式。应允许多元化、多样化、多角度评价的探索。

就目前情况看，有关研学旅行课程的具体评价系统还没有统一标准，但在《湖北省普通高中学生综合素质档案》中可以看到，对实践课程的评价内容包含学生的思想品德、学业水平、身心健康、艺术素养、社会实践五个方面，评价角度包括学生自我陈述、教师评语、学校综合素质评价委员会意见几个方面。除此之外，还特别强调学生所提供的评价材料一定要诚实可信。可见，评价是基于对学生的全面素质的综合性评价。

下面是武汉学知教育研究院在实践工作中对研学旅行课程评价工作做出的一些探索和尝试，供参考。

一、概述

研学教育评价是研学旅行必不可少的部分，教育部在《关于进一步做好中小学生研学旅行试点工作的通知》中已明确提出"探索建立研学旅行科学评价机制"的要求。研学教育评价可采取综合评价机制，强化自评、互评等反思教育的引领作用，有助于评价更为客观、公正和真实反映学生的成长进步。研学旅行评价体系旨在为研学旅行教育活动提供正确的评价导向与评价方式，形成有效的研学反馈。

二、评价目标

建立促进学生全面发展的中小学生研学评价体系,目的是在综合评价的基础上,更关注个体的进步和多方面的发展潜能,调动广大学生的积极性和创造性。

研学旅行评价体系是实现研学旅行教育目标的有效保证,通过评价体系,搭建师资间、师生间、学生间、家校间交流沟通、审视调整的工作载体,促进学生情感与价值观的和谐发展,促进研学旅行课程教学的不断优化和完善。

三、评价主体

评价参与者即评价主体。研学旅行是一项教育活动,包括教育者、受教育者和第三方机构。整个研学旅行教育活动中的参与者包括学生、学生家长、班主任、研学带队老师、研学导师和第三方机构。

四、评价内容与方式

(一)研学学分

根据教育部2017年印发的《中小学综合实践活动课程指导纲要》的规定,包括研学旅行在内的综合实践活动课程是国家义务教育和普通高中课程方案规定的必修课程,与学科课程并列设置,是基础教育课程体系的重要组成部分,自小学一年级至高中二年级全面实施。学校在进行研学旅行课程设计时可借鉴大学课程学习的学分设计模式,学分是针对学生课程学习成绩(结果)的反馈,每完成一次研学旅行课程,即可获得相应的课程学分。在学分设计上,可把研学旅行课程学分与学生升学毕业挂钩。

(二)研学护照

研学护照(见图5-5)是贯穿研学旅行全过程的一种评价方式。学生在参加研学旅行的过程中,根据研学课程任务完成的情况,会加盖"研学徽章",记录学生在研学过程中不同方面的表现,留下真实的研学记忆。研学护照上的"研学徽章"是学生研学旅行课程参与度评价的显性输出形式,是研学评价的一种呈现形式。

研学护照评价实施方式参考如下。

1. 准备工作

(1)根据研学旅行课程设计研学徽章;

(2)根据研学旅行课程及研学徽章设计制作研学护照。

2. 护照的使用

(1)根据学生研学旅行课程的参与度和完成度,由研学导师盖章认可;

(2)研学导师注重在研学护照活动中组织学生分享讨论。

 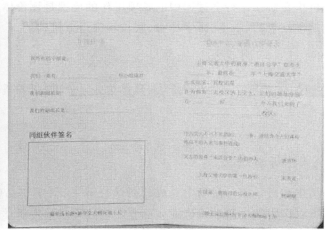

图 5-5　研学护照

（三）研学争章

研学争章旨在在研学旅行的全过程中给予学生及时的研学评价反馈，肯定学生的每一个闪光点，从而鼓励学生快乐研学、快乐成长。研学争章的实施方式如下。

1. 争章的设计

争章可以针对单次研学旅行设计，也可以针对学校整个研学旅行课程体系来设计。争章的体系可以只针对研学旅行，也可作为学校整体争章活动的一部分。

2. 争章的应用

研学争章是研学旅行活动中过程评价的重要内容，倡导"全员、全方位、全过程"参与，根据研学的内容，可在车程中、研学目的地、基（营）地等多种空间中开展，带队老师、研学导师、学生等都可作为争章活动的评价者。

（四）研学评价表

研学评价表是在研学旅行活动结束后，研学旅行的参与者对学生在研学活动中的表现进行评价，根据评价对象的不同，可分为以下几种。

1. 学生评价表

学生是研学活动的主体，学生评价表反映的是学生自身、同学之间以及带队老师对学生在活动过程中的表现做出的评价，贯穿于活动始终。根据不同年龄段学生在研学活动中课程学习内容的差异化，评价表分为小学版和中学版。

2. 研学导师评价表

研学导师是学生研学旅行实施过程中的重要参与者。学生的研学旅行活动是在研学导师的引导与帮助下开展的，研学导师是学生研学活动过程评价的重要执行者，对研学导师的综合评价也是研学旅行评价体系中重要的组成部分。

3. 服务机构评价表

根据《研学旅行服务规范》，服务提供方即服务机构，包括主办方、承办方和供应方。对服务机构在研学旅行全过程中的各项工作的反馈是评价体系中非常重要的组成部分,评价者包括学校老师、学生、研学导师、家长和第三方机构。

> **知识关联** 学生评价表、研学导师评价表、服务机构评价表

(五)研学成果

学生在研学旅行活动中完成的研学任务书、研学作品(如手指画、自然笔记)等研学成果都可以作为学生研学评价的一部分。它们既是学生研学旅行学习的显性成果,也可作为评价学生研学旅行学习效果的指标。

(六)研学记录卡

研学记录卡是学生在整个在校学习期间内参加研学旅行活动的记录卡。把每一次的研学旅行活动在研学记录卡上记录下来,就能完整地记录学生参与研学旅行活动的整体情况,这既是对学生研学旅行活动参与的反馈,也是学生成长的记录,可放入学生的成长档案。

(七)研学证书

研学证书是对学生参与研学旅行活动的一种鼓励、表扬方式。研学证书的实施方式参考如下。

1. 证书设计

证书可分为结业证书与优秀证书。证书的具体设计须与整体研学旅行课程相结合。

2. 证书应用

学生在学习期间完成规定的研学旅行活动,即可获得结业证书。在获得结业证书的学生中评选20%—30%的优秀学生,颁发优秀证书。

五、评价方法与流程

(一)选择评价内容与方式

可根据学校研学旅行课程的整体设计,选择上述评价内容与方式中的一种或者多种。

(二)评价流程

(1)选择评价内容与方式,设计学校研学旅行课程评价体系;

(2)在学校研学旅行课程评价体系的整体设计的基础上,根据具体的研学旅行课程,设计相匹配的研学旅行课程评价细则;

(3) 实施各项研学评价;
(4) 汇总评价并反馈,建立评价档案袋。

思考与练习

1. 根据国家关于研学旅行课程规范的相关文件,研学旅行课程的总目标包括哪些方面的内涵?
2. 研学旅行课程的各学段的总目标有什么区别?
3. 什么是研学旅行课程的具体目标?如何依据学习资源的属性来确定研学旅行课程的具体目标?
4. 研学旅行课程开发依据开发主体的不同,有哪些开发模式?其相应的开发流程是什么?
5. 研学旅行课程方案一般应包括哪些组成部分?
6. 可以采取哪些方式对学生的研学课程效果进行评价?

第六章
研学旅行服务机构

◆学习引导

有研学经营资质的旅行社是研学旅行活动的承办方,通过协调统筹研学旅行资源来研发研学旅行产品销售给中小学,是资源和市场联系的纽带和桥梁,是保障研学旅行规范安全实施的主体。本章从研学旅行服务机构的概念入手,阐释了其一般作用和特殊作用,分析了研学旅行服务机构的遴选标准、申报条件和程序。

◆学习重点

1. 研学旅行服务机构的概念、作用。
2. 研学旅行服务机构的遴选标准。
3. 研学旅行服务机构的申报条件和程序。

近年来,研学旅行作为推进中小学生素质教育的方式之一,越来越受到社会重视。教育部先后选取了安徽、江苏、陕西、上海、河北、江西、重庆、新疆等8个省(区、市、自治区)开展研学旅行试点工作。2016年12月,教育部等11部门联合出台《关于推进中小学生研学旅行的意见》,其中提到各中小学要结合当地实际,把研学旅行纳入学校教育教学计划。

原国家旅游局发布《国家旅游局公告(2016年37号)》,定义了《研学旅行服务规范》(LB/T 054—2016)行业标准,并于2017年5月1日起实施。规范中定义的研学旅行服务方有主办方、承办方、供应方。本书规定的研学旅行服务机构特指研学旅行服务的承办方。本章从研学旅行服务机构的概念入手,阐释了其作用、分类,分析了研学旅行服务机构的遴选标准、申报条件和程序。

▪▪▪ 第一节 研学旅行服务机构的内涵与作用 ▪▪▪

根据《研学旅行服务规范》精神规定,研学旅行服务的承接方必须是规范的旅行社。所以,研学旅行服务机构是开展特殊服务业务的旅行社机构,其具备一般旅行社机构的作用,同时又具备研学服务机构的特殊作用。

一、研学旅行服务机构的内涵

研学旅行服务机构特指开展研学旅行服务,符合《旅行社国内旅游服务规范》和《旅行社入境服务规范》的要求,具有 AA 及以上等级,并符合《旅行社等级的划分与评定》的要求的旅行社。

研学服务机构的典型企业如武汉学知修远教育集团,是研学旅行行业标杆企业,专注为未成年人提供教育型旅行服务,旗下包括武汉学知修远教育交流有限公司、武汉学知研学旅行服务有限公司、武汉学知悟达国际旅行社有限公司(湖北省 5A 级旅行社)等。武汉学知修远教育集团发展 20 年来,先后荣获了全国文明旅游先进单位、全国青年文明号、全国巾帼文明岗、全国百强旅行社、服务业湖北省名牌等光荣称号;2001 年在行业内率先通过 ISO9000 质量管理体系认证;并拥有全国旅游系统劳动模范,湖北省、武汉市劳动模范,全国优秀导游员,全国导游名师等精英团队,成为湖北省、武汉市行业标杆企业。从 1998 年开始,企业连年承办武汉市中小学生"跟着课本游中国"夏令营,并以此经验为基础,摸索出一套规范、完备的服务体系,包括安全防控、生活保障及教育服务三大核心系统。迄今为止,学知修远教育集团已为超过 100 万未成年人提供了优质服务,未发生一例安全责任事故。2013 年,企业确定了"坚定不移跨界发展,为中国未成年人健康成长提供专业服务"的转型目标,聚焦未成年人市场。推进转型以来,学知修远教育集团原创提出了以体验为核心的修学教育理论,打造了以研究研发和修学导师为核心的服务队伍体系,形成了以夏令营、研学旅行、亲子活动、营地教育为核心的修学教育系列产品,并于 2015 年主导编制了《研学旅行服务规范》全国行业标准。

由此可见,研学旅行服务机构的充分条件有:①必须是一家具有独立法人的旅行社有限公司;②必须是一家具有一定规模和实力的旅行社有限公司;③必须是一家具有多年服务未成年学生的经历的旅行社有限公司;④必须是一家具有良好口碑、较高服务质量和零安全事故记录的旅行社有限公司;⑤必须是一家具有研学教育资源开发能力的旅行社有限公司。

二、研学旅行服务机构的作用

(一)具备旅行社服务机构的一般作用

1. 有利于旅游服务产品的销售

作为旅游业的重要销售渠道,通过向旅游者销售各种旅游服务产品,帮助其他旅游服务供应部门或企业解决产品销售方面的困难。

2. 帮助旅游者实现旅游消费愿望

这个作用体现在三个方面:保证旅游活动顺利进行;减轻旅游者的经济负担;提高旅游

服务质量。

3. 促进旅游目的地经济的发展

如增加经济收入和外汇收入、增加就业机会、增加政府税收、平衡地区经济发展等作用。

4. 增进旅游客源地与旅游目的地人们之间的了解

游客在旅行社的组织和引领下,可以深入地了解旅游目的地的历史、民俗、习俗、饮食、宗教和建筑等人文知识,增进了解、提升友谊。

5. 推动各国和各地区之间的科学文化交流

旅游者来到旅游目的地,一方面游览观光或度假休闲;另一方面也会与同行业人士进行科学交流和探讨。

(二)具备研学服务机构的特殊作用

1. 有利于保障研学旅行活动的高质量开展

具备研学旅行服务机构资质的旅行社,必须设置专门的研学旅行服务部、配备数量合理的研学导师、设计主题鲜明的研学产品、配备数量合适的安全员、严格管理供应方,并且规范研学的服务流程,以保障研学旅行服务的质量。

2. 有利于保障研学旅行活动目的的实现

中小学生研学旅行是由教育部门和学校有计划地组织安排,通过集体旅行、集中食宿方式开展的研究性学习和旅行体验相结合的校外教育活动,是学校教育和校外教育衔接的创新形式,是教育教学的重要内容,是综合实践育人的有效途径。开展研学旅行,有利于促进学生培育和践行社会主义核心价值观,激发学生对党、对国家、对人民的热爱之情;有利于推动全面实施素质教育,创新人才培养模式,引导学生主动适应社会,促进书本知识和生活经验的深度融合;有利于加快提高人民生活质量,满足学生日益增长的旅游需求,从小培养学生文明旅游意识,养成文明旅游行为习惯。

研学旅行服务机构依托精心遴选的研学营地,开发主题鲜明的研学课程,有利于保障研学旅行活动目的的实现。

第二节　研学旅行服务机构的遴选

研学旅行活动的主办方、承办方和供应方应遵循安全第一的原则,全程进行安全防控工作,确保活动安全进行。因此,为推动中小学生研学旅行服务工作的规范、质量、高效与安全,必须实施中小学生研学旅行服务机构的准入机制,为研学旅行服务机构的遴选制定地方标准。

一、研学旅行服务机构的遴选条件

(一) 必备条件的要求

(1) 应为依法注册的旅行社。2018年9月30日,武汉市在全国率先出台首份《中小学生研学旅行系列标准》,针对研学游组织、接待以及师资方面的"痛点"做出详细规定,对研学游市场乱象说"不",为火爆的武汉研学游市场戴上"紧箍咒"。

目前,市场上研学旅行组织者五花八门,除了正规旅游机构外,一些培训机构、户外拓展企业也混迹其中。有些机构受利益驱动,用免费景区替代正规游学基地、营地,安排孩子连续多晚帐篷住宿,美其名曰锻炼孩子,实则是为降低成本赚差价。

针对市场乱象,武汉打出三套"组合拳"。《中小学生研学旅行系列标准》(以下简称《标准》)分为三个部分,即《服务机构评定与服务规范》《研学基(营)地评定与服务规范》和《研学导师评定与服务规范》。《标准》明确规定,研学旅行服务机构特指3A、4A、5A级旅行社,分为甲、乙、丙三个等级。

(2) 符合《旅行社国内旅游服务规范》和《旅行社入境服务规范》的要求,宜具有AA及以上等级,并符合《旅行社等级的划分与评定》的要求。申请作为研学服务机构的旅行社,要求在注册资本、固定资产、流动资金、开业时间、经营业绩、企业纳税、营业场所面积等方面都要达到较高的标准。连续三年内无重大质量投诉、不良诚信记录、经济纠纷及重大安全责任事故。

(3) 应设立研学旅行的部门或专职人员,宜有承接100人以上中小学生旅游团队的经验。评选时,通过查看具有相关资质的会计师事务所提供的专项审计报告(以研学为主营业务的旅行社可查看公司财务报表)或通过研学旅行业务汇总表(研学旅行团号、签订对象、时间、人次、金额等)进行核实,其中采用研学旅行业务汇总表形式的企业,需提供真实性承诺书以及每次活动的合同、行程单、保险、发票、门票存根、往来结算单等原始凭证由专家进行现场抽查。

(4) 应与供应方签订旅游服务合同,按照合同约定履行义务。

(二) 部门及人员的要求

1. 部门设置

(1) 应设置专门的研学管理部门,建立研学旅行管理制度体系。研学旅行服务机构的公司组织架构图和研学专门机构的任命文件,是证明设置专门的研学管理部门的佐证资料。并且,在研学管理部门之下,应设置研学产品研发部、研学导师部、供应商管理部(同时负责合同管理)、安全及应急保障部、服务监督与管理部等职能部门,并建立研学旅行管理制度体系,来保证研学旅行活动顺利开展。

(2) 应有完善的研学旅行岗位作业标准。如应有完善的研学导师手册和岗位职责说明书、研学旅行服务的安全工作责任制度(包括但不限于突发事件应急预案、安全培训与演练、事故报告制度等内容)等完善的研学旅行岗位作业标准。

2. 人员配置

(1) 应确保师生比例达到1∶15。

(2) 应为每个研学旅行团队配置服务机构研学导师、导游、安全员、研学工作人员。①应为研学旅行活动配置一名项目组长,项目组长全程随团活动,负责统筹协调研学旅行各项工作;②应至少为每个研学旅行团队配置一名安全员,安全员在研学旅行过程中随团开展安全教育和防控工作;③应至少为每个研学旅行团队配置一名研学导师(具备导游证或心理咨询师资格证、教师资格证等均可),研学导师负责制订研学旅行教育工作计划,在带队老师、导游员等工作人员的配合下提供研学旅行教育服务;④应至少为每个研学旅行团队配置一名导游人员,导游人员负责提供导游服务,并配合相关工作人员提供研学旅行教育服务和生活保障服务。

(3) 每个旅行团学生超过20人或特殊团队应配备一名医护人员。

(三) 服务规范的要求

1. 服务设计

(1) 应建立健全的政府主导、部门分工负责、多渠道全方位协作的研学旅行管理机制,形成完善的研学旅行管理制度体系和协调工作机制。

(2) 应积极依托研学旅行基地,充分利用武汉丰富的历史文化、革命传统、科教、人文、环境资源优势开发研学旅行线路,形成特色鲜明的研学旅行精品线路。

(3) 应打造研学旅行精品课程,并将其纳入研学旅行教学计划,建立开放式、多元化的实践教学体系。

(4) 服务机构应提供线上服务平台,包括但不限于研学成果展示、课程评价、学生家长反馈等功能。

2. 服务说明书

服务说明书基本要素包括但不限于以下几项。

(1) 服务机构信息:机构名称、机构地址、负责人姓名、联系电话等。

(2) 服务对象。

(3) 服务项目及内容,包括但不限于:①研学旅行产品、研学旅行线路及其课程;②生活服务内容及其标准,如交通、住宿、餐饮等;③保险;④安全应急措施。

(4) 服务价格及注意事项等。

3. 服务提供

教育服务流程宜包括:在出行前,指导学生做好准备工作,如阅读相关书籍、查阅相关资料、制订学习计划等;在旅行过程中,组织学生参与教育活动项目,指导学生撰写研学日记或调查报告;在旅行结束后,组织学生分享心得体会,如组织征文展示、分享交流会等。

(1) 行前服务。宜公示研学基地的课程资料、课程安排、师资力量等。宜对学生和家长发放研学旅行课程资料,协助其了解课程的基本内容。应公示应急投诉电话。服务机构应发布研学旅行出行清单,如生活用品、学习资料、相关网站信息、注意事项等。应以学生家长提供的健康证明为依据,建立学生健康档案。

(2) 行中服务。

第一,教育服务。

承办方和主办方应围绕学校相关教育目标,共同制订研学旅行教育服务计划,明确教育活动目标和内容,针对不同学龄段学生提出相应学时要求,其中每天体验教育课程项目或活动时间应不少于45分钟。

教育服务项目可分为①健身项目,以培养学生生存能力和适应能力为主要目的的服务项目,如徒步、挑战、露营、拓展、生存与自救训练等;②健手项目,以培养学生自理能力和动手能力为主要目的的服务项目,如综合实践、生活体验训练、内务整理、手工制作等项目;③健脑项目,以培养学生观察能力和学习能力为主要目的的服务项目,如各类参观、游览、讲座、诵读、阅读等;④健心项目,以培养学生的情感能力和践行能力为主要目的的服务项目,如思想品德养成教育活动以及团队游戏、情感互动、才艺展示等。

提供教育服务应注意以下几点:①宜以课程化研学旅行促进寓学于游、寓教于行;②专职研学导师应根据研学教育计划、研学产品、研学课程提供教育服务;③应针对不同年龄学生的特点,组织学生在研学基地/营地实施开放性的研学教育服务;④宜在研学旅行过程中及时组织学生开展各类有趣的研学活动。

教育服务设施及教材要求如下:①应设计不同学龄段学生使用的研学旅行教材,如研学旅行知识读本;②应根据研学旅行教育服务计划,配备相应的辅助设施,如电脑、多媒体、各类体验教育设施或教具等。

此外,研学旅行教育服务应有研学导师主导实施,由导游员和带队老师等共同配合完成。应建立教育服务评价机制,对教育服务效果进行评价,持续改进教育服务。

第二,交通服务。

交通服务应符合《研学旅行服务规范》相关要求。提供交通服务的客车应符合《旅游客车设施与服务规范》相关要求;提供交通服务的驾驶员应达到服务机构遴选驾驶员管理规定,取得客运驾驶员上岗证并具有3年以上驾驶经历,年龄在25周岁以上、60周岁以下;提供交通服务的驾驶员最近连续三个记分周期内没有被记满12分记录;提供交通服务的驾驶员无致人死亡或者重伤的交通事故责任记录;提供交通服务的驾驶员无酒后驾驶或者醉酒驾驶机动车记录,最近一年内无驾驶客运车辆超员、超速等严重交通违法行为记录;提供交通服务的驾驶员无犯罪记录;提供交通服务的驾驶员身心健康,无传染性疾病,无癫痫病、精神病等可能危及行车安全的疾病病史,无酗酒、吸毒行为记录。

应按照以下要求选择交通方式:①单次路程在400千米以上的,不宜选择汽车,应优先选择铁路、航空等交通方式;②选择水运交通方式的,水运交通工具应符合《水路客运服务质量要求》中的规定,不宜选择木船、划艇、快艇;③选择汽车客运交通方式的,行驶道路不宜低于省级公路等级,驾驶人连续驾车不得超过2小时,停车休息时间不得少于20分钟。

应提前告知学生及家长相关交通信息,以便其掌握乘坐交通工具的类型、时间、地点以及须准备的有关证件。宜提前与相应交通部门取得工作联系,组织绿色通道或开辟专门的候乘区域。应加强交通服务环节的安全防范,向学生宣讲交通安全知识和紧急疏散要求,组织学生安全有序乘坐交通工具。应在承运全程随机开展安全巡查工作,并在学生上、下交通工具时清点人数,防范出现滞留或走失。遭遇恶劣天气时,应认真研判安全风险,及时调整研学旅行行程和交通方式。

第三,住宿服务。

住宿服务应符合《研学旅行服务规范》相关要求。

首先,应以安全、卫生和舒适为基本要求,提前对住宿营地进行实地考察,主要要求如下:①应便于集中管理;②应方便承运汽车安全进出、停靠;③应有健全的公共信息导向标识,并符合《标志用公共信息图形符号》的要求;④应有安全逃生通道。

其次,应提前将住宿营地相关信息告知学生和家长,以便做好相关准备工作。

再次,应详细告知学生入住注意事项,宣讲住宿安全知识,带领学生熟悉逃生通道。

最后,应在学生入住后及时进行首次查房,帮助学生熟悉房间设施,解决相关问题。

此外,宜安排男、女学生分区(片)住宿,女生片区管理员应为女性。应制定住宿安全管理制度,开展巡查、夜查工作。

选择在露营地住宿时还应达到以下要求:①露营地应符合《休闲露营地建设与服务规范》的要求。《休闲露营地建设与服务规范》的第3部分规定了帐篷露营地的分类、选址与布局、服务设施及服务质量要求。帐篷露营地的分类,按可进入性分为步入式露营地、徒步式露营地、骑行露营地、船入式露营地、飞入式露营地;按自然环境分为山地露营地、滨水露营地、森林露营地、海滨露营地、草原露营地、沙漠露营地等。服务质量的基本要求包括各类管理制度安全,工作有章可循、有据可查;应有明晰的岗位服务规范和质量要求;员工应参加培训,考核合格后持证上岗;员工数量配备适宜,引导露营者自助服务;应有工作人员在服务中心24小时值班;应结合场地环境特点及易发生的人身伤害的类型,提供相应的紧急求助服务;应快捷高效地提供预订、入住、保洁、离营、电瓶车或手推车接驳等基础服务;应提供旅行导览、技能指导等附加服务;应使用电子商务和网络等新媒体服务;应提供覆盖营地的无线网络;应采取必要的生物、物理和化学措施,减少蚊、虫、蚁等有害生物烦扰。②应在实地考察的基础上,对露营地进行安全评估,并充分评价露营接待条件、周边环境和可能发生的自然灾害对学生造成的影响。③应制定露营安全防控专项措施,加强值班、巡查和夜查工作。

除此之外,《休闲露营地建设与服务规范》的第3部分规定了帐篷露营地的安全保证标准:①应针对突发性事件(如地质灾害、气象火灾、火灾等)制定紧急预案,事故处理及时、妥当,备案记录准确、齐全;②建筑物的防火设计按照《建筑设计防火规范》的标准执行,灭火器材的配置和设计符合《建筑灭火器配置设计规范》的要求;③存在火灾隐患的区域,除按要求设置消防栓,还应放置消防器材(灭火器、水桶、砂箱等),放置消防器材的红色箱子应摆放在醒目的位置;④主要建筑及室外空旷场所应设置防雷设施,符合《建筑物防雷设计规范》的要求;⑤应设置必要的防盗围墙、围栏,宜配置视频安防监控数字录像设备;⑥应有紧急疏散方案;⑦应结合场地环境类型配备救生员和救生设备;⑧应与附近医院建立稳定合作关系,能及时运送患者、伤者就近治疗;⑨有专职保安人员,进行24小时巡视;⑩与辖区公安机关之间的报警系统快捷有效,能处理突发性治安事件;⑪定期进行安全检查,做好记录,及时消除各类安全隐患。

第四,餐饮服务。

餐饮服务应符合《研学旅行服务规范》相关要求,餐厅卫生应符合《饭馆(餐厅)卫生标准》相关要求。菜品质量要求以及餐饮服务的基本要求、基本程序、管理制度符合《旅游餐馆设施与服务等级划分》相关要求。应督促餐饮服务提供方按照有关规定做好食品48小时留样工作。应提前放置桌牌,制定就餐座位表,组织学生有序进餐。应在学生用餐时做好巡查工作,确保餐饮服务质量。

第五,导游讲解服务。

导游讲解服务应符合《导游服务规范》的要求。应将安全知识、文明礼仪作为导游讲解服务的重要内容,随时提醒引导学生安全旅游、文明旅游。应结合教育服务要求,提供有针对性、互动性、趣味性、启发性和引导性的讲解服务。

第六,医疗及救助服务。

医疗及救助服务应符合《研学旅行服务规范》相关要求。应有专门的部门或者人员负责紧急救援和应急处置工作,应提前调研和掌握研学营地周边的医疗及救助资源状况。学生生病或受伤,应及时送往医院或急救中心治疗,妥善保管就诊医疗记录。返程后,应将就诊医疗记录复印并转交家长或带队老师。宜聘请具有职业资格的医护人员随团提供医疗及救助服务。应与有关国际、国内救援组织签订合作协议,能保证第一时间对参加研学旅行的未成年学生实施救治,要能提供有效的与有关国际、国内救援组织签订的合作协议或是旅行社购买的相关保险(涵盖国际、国内救援服务)。

(3) 行后服务。

第一,行后教育服务。

应在研学旅行结束后组织学生撰写研学报告、征文,整理摄影摄像作品,宜将学生作品整理成征文集、摄影展等。

第二,行后信息追踪。

第三,投诉处理与改进。

应建立健全的行后服务制度,做到专人负责,妥善处理,及时改进。应建立投诉信息档案和回访制度,并采用多种方式收集、分析研学旅行者的意见、建议。

(4) 舆情监控。

舆情监控的目的是及时传递和沟通研学旅行过程信息,便于及时处理公共危机事件,掌握研学旅行的行业发展态势和行业热点。

舆情监控的方式宜采用大数据舆情监测及分析方式,挖掘研学旅行服务中的各种潜在服务质量问题,及时处理服务机构和供应商提供服务时出现的质量纠纷和事故。

大数据舆情监测,尤其是负面舆情的监测预警与控制,包括监测、预警、应对三个环节。

首先,在监测环节,监测系统对服务机构、供应商网络舆情的热门信息、事件走势、媒体传播路径、地域分布、网民观点、情感洞察等方面进行密切关注,将新的情况及时反映到有关部门。

其次,在预警环节,对内容进行判断和分析,对这些正在形成、有可能产生更大范围影响的舆论进行预警,为接下来可能发生的网络舆情走向做好各种应对准备。

最后,在应对环节,当网络舆情变为现实的服务质量纠纷和事故后,服务机构应采取具体的措施处理质量纠纷及事故。

(四) 安全与应急管理的要求

应设置专门的安全管理部门,具有完善的安全工作责任制度,包括但不限于突发事件应急预案、安全培训与演练等内容。

1. 组织机构

（1）服务机构应按照《旅行社安全规范》的要求建立安全管理组织机构；

（2）服务机构应按照《旅行社安全规范》规定法定代表人涉及安全事项的相关职责；

（3）服务机构应按照《旅行社安全规范》规定安全员的岗位职责。

2. 制度保障

服务机构应针对研学旅行服务内容，分别制定安全管理制度，构建完善有效的安全应急机制。研学旅行安全应急管理制度应包括《研学旅行服务规范》相关内容。应根据各项安全管理制度的要求，明确安全管理责任人员及其工作职责。应全程做好安全应急防范措施，确保学生安全。

研学旅行安全管理制度体系包括但不限于以下内容。

（1）研学旅行安全管理工作方案。

（2）研学旅行应急预案及操作手册。

（3）研学旅行产品安全评估制度。

（4）研学旅行安全教育培训制度。

3. 风险预测

行前应对研学旅行基地、服务供应方和旅行线路进行风险预测评估。风险预测评估内容应包括但不限于以下内容。

（1）研学旅行活动场所、餐饮、住宿、交通等。

（2）应急突发事件处置方案的可操作性。

4. 安全教育

安全教育应符合《研学旅行服务规范》相关要求。

（1）工作人员安全教育。

研学旅行服务机构应根据各项安全管理制度的要求，明确安全管理责任人员及其工作职责，在研学旅行活动过程中安排安全管理人员随团开展安全管理工作。

应制订安全教育和安全培训专项工作计划，定期对参与研学旅行活动的工作人员进行培训。培训内容包括安全管理工作制度、工作职责与要求、应急处置规范与流程等。

（2）学生安全教育。

学生安全教育要求如下：①应对参加研学旅行活动的学生进行多种形式的安全教育；②应提供安全防控教育知识读本；③应召开行前说明会，对学生进行行前安全教育；④应在研学旅行过程中对学生进行安全知识教育，根据行程安排及具体情况及时进行安全提示与警示，强化学生安全防范意识。

5. 应急预案与处置

（1）应急预案。

服务机构应成立专业的应急处置部门，安排专人负责处置协调突发事件，每年至少开展两次应急演练。服务机构应有针对性地制定研学旅行安全预案和应急方案。研学旅行应急预案应考虑研学旅行过程中的各个环节，包括但不限于以下内容：①人员走失情况的处理；②财物丢失情况的处理；③食物中毒的预防及应急处理；④突发疾病的应急处理，如中暑的预防及应急处理等；⑤交通事故的预防及应急处理；⑥溺水事故的处理；⑦地震、火灾、泥石流等自然灾害的应急处理等。

（2）应急处置。

研学旅行途中发生自然灾害、事故灾难或者公共卫生事件后，应急处置措施应包括但不限于：立即组织研学旅行随行人员（研学导师、导游、安全员、研学工作人员）营救受害学生，疏散、撤离、安置受到威胁的学生；迅速控制危险源，标明危险区域，封锁危险场所，并采取其他防止危害扩大的必要措施，同时向有关部门报告；因研学旅行引发的社会安全事件，服务机构应按照规定上报情况并按照相关规定迅速处置。

6. 保险

服务机构应主动提高服务机构责任险保额，服务机构责任险每次人身伤亡赔偿限额不低于80万元，全年累计赔偿限额不低于1000万元。另外，服务机构应要求参加研学旅行的师生购买人身意外伤害保险。

（五）供应方管理的要求

供应方管理就是对供应方的了解、选择、开发、培育、使用和控制等综合性的管理工作的总称。目的是要建立起一个稳定可靠的供应商队伍，与供应商建立起良好的合作伙伴关系和稳定合作的关系，降低采购风险，使供需双方达到双赢，为公司提供可靠的物资、服务供应。

第一，研学旅行服务机构应确保采购的供应方服务符合服务机构的要求。供应方管理的目标包括以下几个方面。

（1）获得符合企业质量和数量要求的产品或服务。

（2）以最低的成本获得产品或服务。

（3）确保供应商提供最优的服务和及时地送货。

（4）发展和维持良好的供应商关系。

（5）开发潜在的供应商。

第二，研学旅行服务机构应对供应方的资质、提供服务的能力进行评价和选择供应方，对供应方进行注册管理，并记录供应方的服务情况。不同企业的不同发展阶段，对供应商的选择和评价指标也不尽相同。那么怎样才能通过量化的指标来客观地评价和选择供应商呢？基本思路是阶段性连续评价、网络化管理、关键点控制和动态学习过程。这些思路体现在供应商评价体系的建立、运行和维护上。

选择供应商要从公司自身的实际情况出发，主要参考以下几点。

（1）供应商所提供的产品要与公司的需求相适应。

（2）供应商的资质条件、研发能力、质量保证能力、生产能力和成本控制能力等基本上能够满足公司的要求。

（3）供应商与公司长期合作的愿望和能否按照公司的要求进行持续改进。

（4）公司对供应商的吸引力足够强大，有可能对其进行长期有效的管控。

供应方管理的策略具体包括以下几个方面。

（1）用供应链管理新思维重新定位与供应方关系。

（2）建立利益共享机制。

(3) 建立有效的双向激励机制。
(4) 建立良好的沟通管道。
(5) 建立共同的质量观念。

第三,供应方包括但不限于:研学旅行基地(包括各类青少年校外活动场所、现有的爱国主义教育基地、国防教育基地、革命历史类纪念设施遗址、优秀传统文化教育基地、文物保护单位、科技馆、博物馆、生态保护区、自然景区、美丽乡村、特色小镇、科普教育基地、科技创新基地、示范性农业基地、高等学校、科研院所、知名企业以及大型公共设施、重大工程基地等优质资源单位)、餐饮公司、住宿企业、交通企业、保险公司等。

第四,应确保采购的供应方是注册供应方。

(六) 研学产品设置的要求

1. 研学产品的设置要求

(1) 研学产品设置合理、科学,符合地方特色要求,研学课程规范、内容齐全(包含课程目标、课程内容、课程安排和课程评价四大要素)。

(2) 提供为各学段中小学生提供定制产品的案例,包含定制要求、定制方案、活动记录及评价等内容。案例涵盖中小学各学段、案例内容应符合要求。研学旅行服务机构应根据主办方需求,针对不同学段特点和教育目标,设计研学旅行产品,比如:①小学一至三年级学生参与研学旅行时,宜设计以知识科普型和文化康乐型资源为主的产品,并以乡土乡情研学为主;② 小学四至六年级学生参与研学旅行时,宜设计以知识科普型、自然观赏型和励志拓展型资源为主的产品,并以县情市情研学为主;③初中年级学生参与研学旅行时,宜设计以知识科普型、体验考察型和励志拓展型资源为主的产品,并以县情市情省情研学为主;④高中年级学生参与研学旅行时,宜设计以体验考察型和励志拓展型资源为主的产品,并以省情国情研学为主。

(3) 产品设置应根据学生学段体现乡土乡情、省土省情和国土国情,并充分利用本地丰富的历史文化、革命传统、科教、人文、环境资源优势开发研学旅行线路,形成特色鲜明的研学旅行精品线路。

(4) 打造一批立意高远、目的明确、活动丰富、学习有效的研学旅行精品课程,并将其纳入学校教学计划,建立开放式、多元化的实践教学体系。

2. 研学产品的分类

研学旅行产品按照资源类型分为知识科普型、自然观赏型、体验考察型、励志拓展型、文化康乐型。

(1) 知识科普型:主要包括各种类型的博物馆、科技馆、主题展览、动物园、植物园、历史文化遗产、工业项目、科研场所等资源。

(2) 自然观赏型:主要包括山川、江、湖、海、草原、沙漠等资源。

(3) 体验考察型:主要包括农庄、实践基地、夏令营营地或团队拓展基地等资源。

(4) 励志拓展型:主要包括红色教育基地、大学校园、国防教育基地、军营等资源。

(5) 文化康乐型:主要包括各类主题公园、演艺影视城等资源。

3. 研学产品说明书

研学旅行服务机构应制作并提供研学旅行产品说明书,产品说明书除应符合《中华人民共和国旅游法》和《旅行社服务通则》中有关规定外,还应包括以下内容。

(1) 研学旅行安全防控措施。

(2) 研学旅行教育服务项目及评价方法。

(3) 未成年人监护办法。

(七) 服务监督与管理

服务监督与管理符合《研学旅行服务规范》相关要求。应成立专门的部门或者有专门人员负责服务监督与管理,定期对中小学生及家长满意度进行调查、分析,具体负责研学旅行服务满意度调查、顾客意见反馈表收集和处理顾客投诉,并针对反馈意见做出分析、提出整改意见。

1. 服务改进

承办方应对各方面反馈的质量信息及时进行汇总分析,明确产品中的主要缺陷,找准发生质量问题的具体原因,通过健全制度、加强培训、调整供应方、优化产品设计、完善服务要素和运行环节等措施,持续改进研学旅行服务质量。

2. 投诉处理

(1) 承办方应建立投诉处理制度,并确定专职人员处理相关事宜。接受评估的旅行社应有完善的投诉处理制度和流程,能提供投诉处理的工作台账。

(2) 承办方应公布投诉电话、投诉处理程序和时限等信息。

(3) 承办方应及时建立投诉信息档案和回访制度。

二、研学旅行服务机构的评选与复核

首先,由具备上述遴选条件的旅行社公司向地市一级的旅游行政主管部门提出书面申请并提交自评材料。

其次,由受地市一级的旅游行政主管部门委托的专家评审组负责研学旅行服务机构资格与等级评定,该专家组应该由旅游行政主管部门的工作人员、旅游专家、行业标准专家组成,经过专家组初评、专家组复核、旅游行政主管部门行政颁发资格证书的程序。

另外,对研学旅行服务机构的资质要实施动态管理,委托相关专业标准化技术委员会每两年复核一次,评估其研学服务的能力和水平。复核时,如研学旅行服务机构的必备条件检查不达标,则主管部门应对其提出限期整改要求或吊销其资格证书。

2018年9月30日,武汉市文化和旅游局和武汉市教育局联合公布《服务机构评定与服务规范》《研学基地评定与服务规范》和《研学导师评定与服务规范》(以下简称《规范》)3个考评标准,对研学旅行做了详细规定。除了公布研学旅行系列标准之外,武汉还公布了评分细则。在研学旅行服务机构里,总分为500分,甲级机构评分应达到400分,乙级达到350分,丙级达到300分。据了解,武汉是全国首个规范中小学研学旅行标准的城市。

从2013年《国民旅游休闲纲要(2013—2020年)》首次提出"逐步推行中小学生研学旅行"设想,到2014年《关于促进旅游业改革发展的若干意见》中首次明确"研学旅行"要纳入中小学生日常教育范畴,到2016年教育部等11部门《关于推进中小学生研学旅行的意见》

印发,再到武汉三个《规范》的出台,标志着我国"研学旅行"在全面落地推广的基础上,谨慎酝酿、不断成熟与完善。

从 2019 年上半年开始,武汉市文化与旅游局已经陆续收到各大旅行社关于"研学旅行服务机构的评审申请",并委托第三方专业标准化研究机构,根据国家相关标准和地方相关标准,负责对申请成为"研学旅行服务机构"的旅行社公司实施独立的评审和评级。

思考与练习

1. 为什么研学旅行社服务机构遴选的基本条件要具备旅行社经营资质?
2. 研学旅行服务机构的遴选标准有哪些?
3. 研学旅行机构与普通的旅行社的区别在哪些方面?
4. 研学旅行服务机构的申报程序是什么?
5. 研学旅行服务机构如何保障研学活动的安全实施?

第七章 研学旅行基地、营地的建设与管理

◆ 学习引导

研学旅行基地、营地是实施研学旅行活动的重要载体,是实现研学实践教育目标的重要依托,是完成研学旅行活动的重要保障。本章从研学旅行基地、营地的概念入手,阐释了基地、营地的概念、特性、功能和分类,分析了基地、营地规划和建设的主要依据、基本要求、基本原则、主要内容等,说明了基地、营地的运营管理及高级别基地、营地的申报条件和程序。

◆ 学习重点

1. 研学旅行基地、营地的概念、特性和功能。
2. 编制研学旅行基地、营地规划的依据、要求、内容和要点。
3. 建设研学旅行基地、营地的基本要求、基本原则和主要内容。
4. 研学旅行基地、营地运营管理的架构及策划。
5. 申报高级别研学旅行基地、营地的条件和程序。

第一节 研学旅行基地、营地的概念

研学旅行是在旅行中实现教育目标,是一种行走中的教育和学习。研学旅行活动中,教育是目的,旅行是方式,基地和营地是载体、平台。但目前研学旅行基地、营地的定义并无定论,这影响了对研学旅行基地、营地内涵和本质属性的理解和把握,也将直接影响基地、营地的建设和管理规范。本节主要对研学旅行基地、营地的内涵、特性和功能进行分析和阐述。

一、基本概念

（一）关于称谓

尽管国家教育部办公厅公布的第一批全国中小学生研学实践教育基地、营地名单的文件中称作"全国中小学生研学实践教育基地""全国中小学生研学实践教育营地"，但至今仍有不同的说法，例如武汉市教育局、武汉市文化和旅游局颁布的《武汉市中小学生研学基（营）地评定与服务规范（试行）》中称为"研学基地""研学营地"，中国旅行社协会颁布的《研学旅行基地（营地）设施与服务规范》中称为"研学旅行基地""研学旅行营地"，中国质量认证中心颁布的《中小学生研学实践教育基地、营地建设与管理规范》中称为"研学实践教育基地""研学实践教育营地"等等。

我们认为"研学旅行基地""研学旅行营地"的称谓更吻合国家在中小学推行研学旅行的初衷与内涵，其中"研学"是目的，"旅行"是方式，"基地（营地）"是场所保障。三者是研学旅行的应有之意，缺一不可，因此这一称谓能够体现研学旅行基地、营地的本质属性。

（二）关于概念

关于研学旅行基地、营地的概念也说法不一。以下就当前研学旅行基地、营地的阐释罗列几种较典型说法。

1. 关于研学旅行基地

（1）研学基地：为中小学生研学旅行提供研学实践教育活动的场所。[①]

（2）研学实践教育基地：具备开展研学实践所需的资源与接待条件，能够提供明确的教学主题与配套课程的资源单位。[②]

（3）研学旅行基地/营地：自身或周边拥有良好的餐饮住宿条件、必备的配套设施，具有独特的研学旅行资源、专业的运营团队、科学的管理制度以及完善的安全保障措施，能够为研学旅行过程中的学生提供良好的学习、实践、生活等活动的场所。[③]

（4）研学旅行基地：富含研学旅行资源和具备研学旅行设施的研学旅行场所。[④]

（5）由政府或社会力量创办的，具备承接中小学生研学旅行实践教育活动，运营良好的各类青少年校外活动场所、现有的爱国主义教育基地、国防教育基地、革命历史类纪念设施遗址、优秀传统文化教育基地、文物保护单位、科技馆、博物馆、生态保护区、自然景区、美丽乡村、特色小镇、科普教育基地、科技创新基地、示范性农业基地、高等学校、科研院所、知名企业以及大型公共设施、重大工程基地等优质资源单位。[⑤]

[①] 《武汉市中小学生研学基（营）地评定与服务规范（试行）》。
[②] 中国质量认证中心《中小学生研学实践教育基地、营地建设与管理规范》。
[③] 中国旅行社协会《研学旅行基地（营地）设施与服务规范》。
[④] 袁书琪,李文,陈俊英,等.《研学旅行课程标准（三）——课程建设》[J].地理教学,2019(7)。
[⑤] 《福建省中小学生研学实践教育基地建设与服务标准（试行）》。

2. 关于研学旅行营地

（1）研学营地：为中小学生研学旅行提供研学实践教育活动和集中食宿的场所。[①]

（2）研学实践教育营地：具备开展研学实践所需的资源与食宿条件，能够提供明确的教学主题与配套课程的资源单位。[②]

（3）研学旅行营地：是能够接待一定规模的研学旅行中小学师生集中食宿的服务场所。富含研学旅行资源和具备研学旅行设施的研学旅行营地，也可以兼作研学旅行基地。

纵观上述种种概念，大多阐释简单，且研学旅行基地与研学旅行营地的概念阐释区别不大，无非是食宿要求和研学课程丰富度方面的差别，有些甚至无区别。

（三）关于定义

我们分析国家关于研学旅行的政策文件及要求，认为研学旅行基地、营地的概念应包含以下应有之意。

（1）是一种场所，专供中小学生开展研学实践教育活动。

（2）富含研学课程资源，围绕一定的教育目标开发有一定数量的主题研学课程。营地还需要有与周边教育资源结合形成的主题研学线路。

（3）具有教育教学设施，教育功能突出。

（4）配有接待服务设施，营地还需要具备能一次性集中接待一定规模学生的餐饮、住宿设施。

据此，我们将研学旅行基地定义为，具有研学课程资源和完善的接待服务设施、教育教学设施，服务中小学生研学实践教育活动的场所。

将研学旅行营地定义为，本身及周边具有研学课程资源和完善的接待服务设施、餐饮住宿设施、教育教学设施，服务中小学生研学旅行教育活动的场所。

二、基地、营地的特性

教育部等11部门《关于推进中小学生研学旅行的意见》（以下简称《意见》）明确要求，研学旅行要坚持教育性原则、实践性原则、安全性原则和公益性原则。

作为研学实践教育活动的载体，研学旅行基地、营地必然有着与研学旅行一致的教育性、实践性、安全性和公益性等特性，同时具有其自身的地域性和开放性。

（一）教育性

研学旅行"要结合学生身心特点、接受能力和实际需要，注重系统性、知识性、科学性和趣味性，为学生全面发展提供良好的成长空间"，因此教育性是研学旅行基地、营地的本质特性。基地、营地的硬件、软件建设要从教育出发，凸显教育功能，有利于实现教育目标。

[①] 《武汉市中小学生研学基（营）地评定与服务规范（试行）》。
[②] 中国质量认证中心《中小学生研学实践教育基地、营地建设与管理规范》。

（二）实践性

基地、营地的实践性表现为其课程和设施要满足学生动手实践、亲身体验的需要，尤其课程设计与实施应尊重学生的主体地位，以主题实践教育活动为主，以培养创新精神和实践能力为目标，变知识性的课堂教学为实践性的体验教学。

（三）安全性

基地、营地的安全性是由其服务的中小学生这一特殊人群决定的。基地、营地的选址要远离地质灾害和其他危险区域，要始终坚持安全第一，配备安全保障设施，建立安全保障机制，明确安全保障责任，落实安全保障措施，设立安全应急预案，确保学生的安全。

（四）公益性

《意见》规定，研学旅行"不得开展以营利为目的的经营性创收"，因此基地、营地应把谋求社会效益放在首位，对贫困家庭学生有实施减免费用的义务。

（五）地域性

基地、营地要体现地域特色，其课程资源一般是该地域自然或人文资源的典型代表。如黄山市呈坎国家级研学实践教育基地依托呈坎八卦村景区的徽派建筑文化开发研学课程，以其独特的徽文化主题课程吸引全国各地的中小学生蜂拥而至，彰显了地域文化的魅力。

（六）开放性

一是表现为教学环境的开放性。基地、营地的一切活动课程和设施配套要区别于学生惯常的校园课堂学习环境，应有利于引导学生到自然和社会环境中拓展视野、丰富知识、了解社会、亲近自然和参与体验。二是表现为服务对象的广泛性。任何基地、营地对所有学生开放，欢迎、接纳任何地方、任何适龄段的中小学生入驻开展研学活动，不受任何地域或其他方面的限制。

三、基地、营地的功能

研学旅行遵循卢梭的自然主义教育思想，要求受教育者走向大自然、走向社会，对自然万物进行直接的接触与观察。研学旅行通过精心设计课程，引导学生走出校园，走向社会，以一种旅行的方式感知周围的世界，并在充满体验感知的过程中获得成长的快乐。学生在研学旅行基地、营地开展实践活动，实质是接受体验式、情景式教育，也是一种休闲教育。因此最理想的基地、营地应满足学生教育、体验、审美的多重需要，能为学生提供学、游、行、吃、住等多项服务，具备教育与游览、校园与景区的多种功能。基地、营地具有如下两个基本功能。

（一）校外教育的功能

基地、营地应开发设计有各种主题的研学课程、研学线路，建设满足各种主题实践活动的场馆,满足交流讨论的活动教室、会议室、多功能厅、展示厅,有条件的基地、营地还可以配建运动场、拓展营等设施。

（二）集体生活的功能

基地要满足接待服务,营地还需要提供能一次性集中接待一定规模学生的餐饮、住宿服务,满足中小学生集体生活的需要。

有些基地、营地本身依托风景秀丽的景区而建,既有景区的优美环境、公园的休憩设施,又有校园的文化氛围,既能很好地满足学生研学成长过程中的审美需要、身心愉悦需要,又能让学生在研学成长过程中沐浴了休闲教育、享受了美好时光,赋予了基地、营地休闲教育的功能。在实际中,有些基地、营地还可能因特殊情况设定其他服务功能。

四、基地、营地的分类

研学旅行基地、营地的分类方法较多。如根据基地、营地资源的属性,分为自然风景区、文化遗产、综合实践基地、农业基地、工业园区、高等院校和科研院所、重大工程等。

自然风景区。主要指国家公园、自然公园等供游览欣赏的天然风景区,如山岳、湖泊、河川、海滨、森林、石林、溶洞、瀑布、历史古迹名胜等。例如国家级研学旅行基地黄山风景区、黄河壶口瀑布风景名胜区等。

文化遗产。这里指不可移动的物质文化遗产,包括古遗址、古墓葬、古建筑、石窟寺、石刻、壁画、近现代重要史迹及代表性建筑等不可移动文物,以及在建筑式样或与环境景色结合方面具有突出普遍价值的历史文化名城(街区、村镇),如国家级研学旅行基地故宫博物院、平遥古城。

综合实践基地。这里主要指我国一些省市,为中小学生开展校外综合实践培训修建的青少年校外实践基地。如国家级研学旅行营地上海市青少年校外活动营地(东方绿舟)、河北省石家庄市青少年社会综合实践学校、宜昌市青少年综合实践学校等。

农业基地。农业基地指可用于中小学生素质教育和农业实践的区域性农产品基地。如湖北省研学旅行营地枝江东方年华田园综合体等。

工业园区。工业园区主要指工业生产要素集聚、工业化集约强度高、产业特色突出、功能布局优化、市场竞争力强的现代化产业分工协作的特定生产区域,如国家级经济技术开发区、高新技术产业开发区、保税区、出口加工区等。如国家级研学旅行基地上海无线电科普教育基地等,能够为中小学生提供丰富、便捷的工业研学课程资源。

高等院校和科研院所。充分挖掘高校的高科技资源开展研学旅行活动,让中小学生走进高校或科研院所感受浓厚的科研氛围。如国家级研学旅行基地北京航空航天大学(航空航天博物馆、"月宫一号"综合实验装置)、大连海事大学、中国科学院青海盐湖研究所等。

重大工程。如国家级研学旅行基地中国长江三峡集团公司、南水北调中线干线北京市房山区大石窝镇惠南庄泵站、丹江口水利枢纽管理局丹江口工程展览馆等,是中小学生开展科学研学活动不可多得的好去处。

根据研学实践活动的教育目标不同,基地、营地又可以分为优秀传统文化、红色传承、自然生态、国情教育、国防科技、综合实践教育等。

优秀传统文化型。包括文物保护单位、博物馆、非遗场所等。

红色传承型。包括爱国主义教育基地、革命历史类纪念设施遗址等。

自然生态型。包括自然景区、农业基地、自然保护区、野生动物保护基地等。

国情教育型。包括体现基本国情和改革开放成就的美丽乡村、特色小镇、知名企业、大型公共设施等。

国防科技型。包括国防教育基地、科普教育基地、科技创新基地、高等学校、科研院所等。

综合实践教育型。包括各类青少年校外活动场所、综合实践基地等。

还可以根据基地、营地依托资源单位的性质,将基地、营地分为青少年校外活动场所、爱国主义教育基地、国防教育基地、革命历史类纪念设施遗址、优秀传统文化教育基地、文物保护单位、科技馆、博物馆、生态保护区、自然景区、美丽乡村、特色小镇、科普教育基地、科技创新基地、示范性农业基地、高等学校、科研院所、知名企业以及大型公共设施、重大工程基地等,一些地方还将上述资源单位作为申报基地、营地的基本条件。

研学旅行基地、营地又可以分专门型和综合型两种,专门型基地、营地的研学实践活动课程一般不超过两个主题,如国家级研学旅行基地——湖北十堰市青龙山恐龙蛋化石群国家地质公园,主要提供以恐龙为代表的古地质、古生物主题的研学实践活动课程。综合型基地、营地一般应提供三个及以上主题的研学实践活动课程,如国家级研学营地的上海东方绿舟、宜昌市青少年活动中心都开发有多个主题的综合实践活动课程。

同时,根据评定部门的级别,研学旅行基地、营地分为国家级、省级、市级和县(区)级。

第二节 研学旅行基地、营地的规划建设

研学旅行基地、营地的建设应发挥规划的重要引领作用,遵循先规划设计、再建设实施的时序。基地、营地的建设要求布局合理,突出教育功能,充分考虑中小学生动手实践方面的需求。本节主要阐述基地、营地规划和建设的依据、原则、内容等基本要求。

一、基地、营地的规划

(一)规划编制的依据

为保证研学旅行基地、营地规划的科学性、规范性和可操作性,编制中应主要依据以下国家政策法规和标准规范:《国民旅游休闲纲要(2013—2020年)》(国务院办公厅)、《关于促进旅游业改革发展的若干意见》(国务院办公厅)、《关于推进中小学生研学旅行的意见》(教育部等11部门)、《中小学德育工作指南》(教育部)、《中小学综合实践活动课程指导纲要》(教育部)、《旅游规划通则》(GB/T18971—2016)、《休闲露营地建设与服务规范》(GB/T 31710)、《研学旅行服务规范》(LB/T054—2016)、《文化和旅游规划管理办法》(文化和旅游部)、《中小学生研学实践教育基地、营地建设与管理规范》(CQC/GF JD0002—2018 中国质

量认证中心)、《研学旅行基地(营地)设施与服务规范》(T/CATS 002—2019 中国旅行社协会)。

同时,编制基地、营地规划要贯彻各省市关于研学的相关政策规定,应当与本地区的土地利用总体规划、城乡规划、环境保护规划以及其他相关规划相衔接。基地、营地规划的目标、任务、布局等各要素应与本地区的经济社会发展规划、文化旅游发展规划、教育发展规划等上位规划保持一致。此外,各省普通中小学办学条件标准也可以作为参考。

（二）规划编制的要求

研学旅行基地、营地规划是以研学旅行这一特定领域为对象编制的,属于文化旅游发展的专项规划,它应落实本地区的经济社会发展规划任务,体现文化旅游和基础教育发展的总要求。其规划编制的具体要求如下。

（1）规划编制要符合本地区的发展规划要求,是本地区文化旅游和基础教育发展规划的深化和细化。

（2）规划编制要突出地域特色、资源特色,找准定位,彰显主题。

（3）规划编制要突出校外教育的功能,营地还要突出以食宿为主的集体生活的功能。

（4）规划编制的发展目标尽可能量化,发展任务具体明确、重点突出。

（5）规划编制要远近结合,具有适度超前性,务实管用,突出约束力、可操作,使规划可检查、易评估。

（6）规划编制人员应有旅游、教育、文化、营销、环境、建筑等专业人士构成。

（三）规划编制的内容

研学旅行是跨文旅产业和教育行业的新业态,基地、营地则是链接文旅产业和教育事业的连接器,是组合文旅产品和课程产品的集成品。因此相比其他文化旅游发展规划,基地、营地的规划编制既要从文旅产业领域进行规划设计,又要从教育发展的要求规划设计以满足中小学生校外教育的要求,这就决定了其具有文化旅游产业和教育事业发展的双向内容。一般情况下,基地、营地的规划文本至少包括但不仅限于以下要素。

（1）背景与基础分析。调研和分析国家及地方政策、研学旅行发展现状、基础条件与制约因素、研学目标市场,及与相关规划的衔接等。

（2）研学课程资源分析。深入分析研学课程资源,营地还需要对周边教育资源进行整合分析,确定基地、营地的多主题教育或特色主题教育,帮助实现资源的最大化教育。

（3）建设目标与定位。提出基地、营地建设发展的目标定位、功能定位、市场定位及发展战略和思路等。

（4）研学主题设计。基地、营地应根据自身或其周边教育资源(或协作方)的情况,确定至少一项符合学生发展核心素养总体培养目标的研学主题,如优秀传统文化教育、红色传统教育、国防教育等,作为研学实践服务提供的方向或领域,统领研学课程和线路的开发设计。

（5）研学课程和线路设计。基地、营地应在既定研学主题的统领之下,根据不同学段的研学目标及对相关方需求和期望的分析,有针对性地开发设计研学课程、研学线路及其他相关研学项目。

（6）空间布局与场馆建设。确定基地、营地的功能分区和土地利用，规划基础设施、教育设施及其他配套设施的总体布局，提出重点发展项目。场馆设施的规划设计应考虑中小学生动手实践方面的需求。

（7）支持与保障体系设计。提出基地、营地建设的保障措施，包括政策、市场、资金、人力、安全、医疗、质量等全方位保障体系的规划设计。

（8）实施步骤与建设时序。提出总体规划的实施步骤、措施和方法，以及规划、建设、运营中的管理意见，对建设时序做出安排。

（9）投资估算与效益分析。分析基地、营地开发建设的总体投资，估算基地、营地的社会效益和经济效益。基地、营地的公益性决定了其更看重社会效益。

（四）规划编制的要点

建设一个优秀的研学旅行基地或营地，其规划编制关键要做好以下几点。

1. 挖掘研学课程资源

可以说，决定一个研学旅行基地、营地品质的关键在课程，而课程的关键取决于资源。因此，充分挖掘基地、营地的课程资源，开发设计特色鲜明的主题研学课程，能迅速增加资源的研学价值。如河南省林州市红旗渠风景区依托独有的石工建筑、精神价值和太行山优美的自然山水景观等资源优势和众多国字号品牌，结合素质教育的规划要求，针对全国中小学生，打造中国青少年红旗渠精品研学旅行项目，使其迅速在国内研学行业突起。

2. 打造主题研学课程

研学旅行基地、营地的生命力仍然在课程，打造特色鲜明的研学主题课程是基地、营地可持续发展的法宝。如湖北省十堰市青龙山恐龙蛋化石群国家地质公园依托其独特的"龙蛋共生"（该地同时出土了恐龙化石和恐龙蛋化石）资源优势，开发设计了古地质、古生物主题的研学课程体系，吸引了国内外众多青少年学生来此开展研学活动。

3. 优化研学配套设施

完善的设施、舒适的环境是研学旅行市场的重要吸引物，优秀的基地、营地必须具备完善的接待设施、教育设施、智慧化设施、环境卫士设施、导览设施、安防设施、特殊人群服务设施等，营地及含有食宿功能的基地还应精心配套食宿设施。

4. 提高市场影响力

市场影响力也是吸引研学市场的重要因素，提高市场影响力的方法较多，一是研学资源独特且有价值，二是获有权威机构认定或授牌，三是服务质量到位，有极好的声誉，获得研学师生和专家的普遍赞誉。

二、基地、营地的建设

（一）建立的基本要求

作为开展研学旅行活动的载体，研学旅行基地、营地建立的基本要求如下。

1. 符合国家政策的规定要求

《关于推进中小学生研学旅行的意见》中对研学旅行的范围、特点、基本原则、主题内容和时间都有明确的规定。此外,《研学旅行服务规范》等相关政策条例对研学旅行也有其他明确规定,所以在建立基地营地时,必须符合各种政策的要求。

2. 符合研学旅行的教育目标要求

教育部印发的《中小学综合实践活动课程指导纲要》《中小学德育工作指南》中,对研学旅行的课程性质、课程目标、课程内容等做出了科学阐释,明确提出不同资源属性的基地、营地实施不同的主题教育,如利用历史博物馆、文物展览馆、物质和非物质文化遗产地等开展中华优秀传统文化教育,利用革命纪念地、烈士陵园(墓)等开展革命传统教育,利用展览馆、美术馆、音乐厅等开展文化艺术教育,利用科技类馆室、科研机构、高新技术企业设施等开展科普教育,利用法院、检察院、公安机关等开展法治教育,利用军事博物馆、国防设施等开展国防教育等。学校可以根据实际教育的需要选择不同的基地、营地开展研学实践教育。

3. 研学旅行基地、营地应有教育资源

研学旅行不同于以往的春秋游,它是在旅行中实现教育目标,是一种校外教育。这就决定了基地、营地一定要有可开发研学活动课程的教育资源。

4. 研学旅行基地、营地应有完善的设施和专业人员

基地、营地的设施应该具有承接学生开展研学实践活动的能力,研学旅行营地及含有食、宿功能的基地还应精心设计配套食宿设施。这里的专业人员是指在研学旅行实施过程中,具体制定或实施研学旅行教育方案,指导学生开展各类活动的专业人员,他们是研学质量的保证,也是基地、营地可持续发展的根本。

(二)建设的基本原则

《关于推进中小学生研学旅行的意见》明确规定,研学旅行工作要坚持教育性原则、实践性原则、安全性原则和公益性原则。作为研学实践教育活动的载体,研学旅行基地、营地的建设也必须坚持这四个原则。

1. 教育性原则

基地、营地的建设要从教育出发,课程及线路的设计与实施要结合中小学生的身心特点、接受能力和实际需要,突出生动直观、形象有趣、现场操作和现场体验,将教育性、知识性、科学性、趣味性融入其中,着力提升学生社会责任感、创新精神和实践能力。

2. 实践性原则

要因地制宜,呈现地域特色,提供与学生日常生活不同的环境,课程设计和设施配套要满足学生动手实践、亲身体验的需要,以实现拓展视野、丰富知识、了解社会、亲近自然、参与体验的目的。

3. 安全性原则

基地、营地的选址要远离地质灾害和其他危险区域,要坚持安全第一,建立安全保障机制,明确安全保障责任,落实安全保障措施,设立安全应急预案,努力做到万无一失,确保学

生安全。

4. 公益性原则

基地、营地应把谋求社会效应放在首位,在提供的研学实践活动及其相关服务中,杜绝开展过度的以营利为目的的经营性创收,并建立相应的收费减免政策。

(三) 建设的主要内容

现阶段,"全国中小学生研学实践教育基地""全国中小学生研学实践教育营地"尚无建设指标体系。我们通过研究分析《福建省中小学生研学实践教育基地建设与服务标准(试行)》《武汉市中小学生研学旅行 第2部分:研学基(营)地评定与服务规范》《中小学生研学实践教育基地、营地建设与管理规范》《研学旅行基地(营地)设施与服务规范》等一些地方或协会出台的标准,发现各级各地基地、营地的建设主要围绕资质条件、基础设施、研学课程、安全管理、专业人员、服务质量等要素进行。我们将其分为选址、硬件建设和软件建设三个方面逐一阐述。

1. 选址

基地、营地的选址应符合国家和地方对自然环境、文化、历史和资源保护等方面的要求,相关活动场所和功能区地理位置的选择应考虑以下因素。

(1) 发生自然灾害的可能性。
(2) 各类污染源的潜在影响。
(3) 交通的安全与便利性。
(4) 实现紧急救援或及时应对突发事件的可行性。
(5) 水、电、通信等基础设施。
(6) 可依托的自然、历史、文化等资源。
(7) 所在地周边的社会人文环境。

2. 硬件建设

基地、营地应建设能够满足研学实践活动所需的硬件设施,至少包括以下几个方面。

(1) 基本设施,应配备与研学课程相适应的基本硬件条件,如必要的围界,能源、动力的供给设施等。
(2) 教育设施,应配备适宜的展示方式、教材教具与场地空间。
(3) 游览设施,应设置必要的游览步道、公共休息区,以及必要的导览、提示标识等。
(4) 配套设施,主要包括与研学实践相关的接待,基地、营地区间交通、通信、监控、餐饮、住宿、安全、医疗、卫生等方面的设施。设施应配置完善以满足不同类型和时长的研学课程的需要。
(5) 应急设施,应配备适宜的应急装备、器材、逃生通道等。
(6) 基地、营地应对上述基础设施的维护进行策划与实施,应定期进行检查,以确定和减少潜在的安全、功能、性能等方面的风险。

3. 软件建设

为满足、保障中小学生开展研学实践活动的需要,基地、营地的软件建设至少包括以下几个方面。

(1) 人员配备。

基地、营地应确定为满足研学实践要求所需的岗位及其能力要求,并确保配备数量充足、能力胜任的从业人员;应采取培训或其他措施,确保相关人员胜任其岗位。确保有犯罪记录、有精神病史、有吸毒史的人员不能从事与研学实践活动直接相关的工作。

(2) 研学课程。

基地、营地应根据自身或其周边教育资源(或协作方)的情况,确定至少一项符合学生发展核心素养总体培养目标的研学主题,以此作为基地、营地研学服务提供的方向或领域,研学主题应形成文件,并为研学课程和线路的开发、研学活动及相关项目的策划提供框架指引;基地、营地应根据不同学段的研学目标及对相关方需求和期望的分析,有针对性地开发设计研学课程、研学线路及其他相关研学项目。

(3) 管理体系。

基地、营地应确定建设和服务提供的相关目标,并确定实现目标所需的业务流程以及业务流程之间的相互关系;应设置相应的职能部门,明确其职责和权限并确保相关职能部门明确各自职责与作用;应建立和保持与其建设和服务提供相关的管理制度或其他规范性文件,如各业务流程方面相关的制度和规范、安全管理制度、服务手册和规范等;定期对所建立的管理体系进行检查与评审,并持续改进其管理体系的有效性和效率;通过外包或协作所进行的研学实践服务活动应作为其管理体系的一部分得到控制。

(4) 安全保障。

基地、营地应建立安全管理机制,明确落实安全责任;应制定相关的安全管理制度以确保研学服务的安全提供;应开展适当的内部和外部的安全教育,提升全员的安全意识,外部安全教育与沟通的对象应包括学生、学校、研学机构、旅行社以及其他相关方;应根据所识别的重大风险如地震、火灾、食品卫生等突发情况制定应急预案;应考虑到与安全有关的潜在风险,定期及不定期系统识别、评估、评价研学服务各环节中的相关安全风险,采取适宜的措施,持续降低安全风险。

第三节 研学旅行基地、营地的运营管理

运营管理是对基地、营地内部管理系统的设计、运行、评价和改进,是对市场运营过程的计划、组织、实施和控制。高效的运营管理是实现研学旅行基地、营地高质量发展的关键。本节主要从运营管理的架构,运营策划,申报高级别基地、营地的条件和程序等方面进行阐述。

一、基地、营地的运营管理

基地、营地应设置实现管理目标所需的职能部门、规章制度、业务流程等,并定期对所建立的管理体系进行检查与评审。明德未来营地董事长王京凯认为运营高效的基地、营地应建立"一文化、一后台、三中心"的运营架构。

"一文化",是指基地、营地要形成自己独特的基地或营地文化,文化内涵一般与其研学主题有关。

"一后台",是指基地、营地要建设有力的管理后台,主要包括行政管理和后勤物业管理。

"三中心",是指基地、营地要具有高效运转的教务、营销、后勤三个运营中心。

运营高效的基地、营地还至少需要六种核心能力,即课程研发能力、市场营销能力、综合管理能力、团队构建能力、资源联动能力、政府沟通能力,从而形成自身的核心竞争力。与之对应,还需要课程设计、研学导师、市场推广营销、后勤物业操作、行政管理等必不可少的五种人才。

二、基地、营地的运营策划

(一)业务方向

由于我国中小学生研学旅行时间设定在学期中的周一至周五,造成研学旅行基地、营地每年有大量空档期。为解决这一问题,基地、营地的运营业务可以拓展到以下三个方向。

一是研学旅行。作为研学旅行活动的载体和依托,通过基地、营地解决研学旅行核心需求,比如活动场地、活动空间等,营地还可以提供集中吃住。

二是素质教育。采取合作,包括营地空间出让等合作模式,提供给营地教育机构、素质教育机构开展素质教育活动。

三是大型活动。可以承接政府、企事业单位的大型活动、团练及培训。前两者研学旅行和素质教育是核心业务,大型活动只是为了更合理地利用好资源。

(二)运营策划

基地、营地需要对应研学旅行、素质教育、大型活动等不同业务方向,策划好运营接待时段和接待规模。如学期中的周一至周五,主要服务研学旅行;周末和寒暑假等假期,主要服务素质教育、营地教育;空档期,可以考虑服务大型培训活动。

(三)商业合作

为提升基地、营地的运营质量和效益,基地、营地可以在课程和营销两个方面开展商业合作。关于课程和师资的合作,合作机构可以入驻,也可以将课程和师资纳入基地、营地的课程体系,由其统一进行市场推广营销。关于市场营销的合作,可以在基地、营地圈定的直销区域直营,也可以在特定区域开展代理营销。

基地、营地应根据自身情况和研学课程的实施区域,加强外联与协作,主动与一定范围内的交通、医疗卫生、治安、消防、气象、救援等相关组织建立合作关系,以提供研学实践服务的安全保障。

三、高级别基地、营地的申报

研学旅行基地、营地根据认定部门的级别,设有国家级、省级、市级和县(区)级。国家级研学旅行基地、营地由教育部审核认定。

根据教育部相关文件规定,国家级基地、营地的申报要求如下。

(一)国家级基地的推荐条件及程序

1. 推荐条件

基地应结合自身资源特点,已开发或正在开发不同学段(小学、初中、高中),与学校教育内容衔接的研学实践课程,同时应满足下列条件。

(1)具有下列主题板块之一的课程资源。

优秀传统文化板块。包括旅游服务功能完善的文物保护单位、古籍保护单位、博物馆、非遗场所、优秀传统文化教育基地等单位,能够引导学生传承中华优秀传统文化核心思想理念、中华传统美德、中华人文精神,坚定学生的文化自觉和文化自信。

革命传统教育板块。包括爱国主义教育基地、革命历史类纪念设施遗址等单位,引导学生了解革命历史,增长革命斗争知识,学习革命斗争精神,培育新的时代精神。

国情教育板块。包括体现基本国情和改革开放成就的美丽乡村、传统村落、特色小镇、大型知名企业、大型公共设施、重大工程等单位,能够引导学生了解基本国情及中国特色社会主义建设成就,激发学生爱党爱国之情。

国防科工板块。包括国家安全教育基地、国防教育基地、海洋意识教育基地、科技馆、科普教育基地、科技创新基地、高等学校、科研院所等单位,能够引导学生学习科学知识、培养科学兴趣、掌握科学方法、增强科学精神,树立总体国家安全观,树立国家安全意识和国防意识。

自然生态板块。包括自然景区、城镇公园、植物园、动物园、风景名胜区、世界自然遗产地、世界文化遗产地、国家海洋公园、示范性农业基地、生态保护区、野生动物保护基地等单位,能够引导学生感受祖国大好河山,树立爱护自然、保护生态的意识。

(2)具备承接中小学生开展研学实践教育的能力,能够结合单位资源特点,设计开发适合小学、初中、高中不同学段学生,与学校教育内容相衔接的课程和线路;学习目标明确、主题特色鲜明、富有教育功能;有适合中小学生需要的专业讲解人员及课程和线路介绍。

(3)能够积极配合教育部门工作,对中小学生研学实践教育活动实施门票减免等优惠措施,单位周边交通便利,适宜中小学生前往开展研学实践教育活动,在本地区、本行业有一定示范意义。

(4)财务管理体制明确,内部保障机制健全,产权清晰,运行良好,日常运转经费来源稳定;注重预算管理、绩效评价,内部控制与财务制度健全,会计基础工作规范,具备项目管理能力。

(5)近三年来没有受到各级行政管理(执法)机构的处罚。

2. 推荐流程

基地由国家有关部门和省级教育行政部门分别推荐。省级教育行政部门要会同相关部门(宣传、发改、科技、工信、自然资源、生态环境、住建、交通、水利、农业农村、文旅、卫生健康、气象、海洋等)对本省(区、市)符合推荐条件的优质资源单位进行遴选,重点考虑国家或相关行业已挂牌的各类教育基地。省级教育行政部门组织相关部门行业专家对本地推荐材料进行评审,确定推荐名单和推荐顺序,报教育部审核认定。

教育部组织专家对基地进行审核,并在此基础上对候选营地进行实地核查,经过审核的基地在教育部门户网站上公示后予以命名。

（二）国家级营地的推荐条件及程序

1. 推荐条件

营地应具有承担一定规模中小学生研学实践教育的活动组织、课程和线路研发、集中接待、协调服务等功能,能够为广大中小学生开展研学实践活动提供集中食宿和交通等服务,同时应满足下列条件。

（1）教育系统所属的公益性青少年校外活动场所、综合实践基地等。

（2）研学实践教育资源丰富,开发合理。单位周边有若干个研学实践教育基地或教育资源,能够满足学生 2—5 天研学实践教育活动需求。研学实践教育课程和线路设计科学,有多个不同主题、不同学段（小学、初中、高中）,且与学校教育内容衔接的研学实践课程和线路,能够实现中小学研学实践教育活动的育人目标。

（3）师资队伍充分,业务能力较强。有从事研学实践教育工作的专职队伍,能够设计规划课程和线路,能够组织中小学生集体实践,开展研究性学习,促进书本知识和生活实践深度融合,落实立德树人根本任务,促进学生培育和践行社会主义核心价值观。

（4）各项运行制度健全,保障与承载能力强。单位正常安全运行 1 年以上；房屋、水电、通信、消防等基础设施配套齐全,环境整洁、卫生良好,能够满足正常运行的需要；能够至少同时接待 1000 名学生集中食宿；所在地交通便利,能够提供满足开展研学实践教育活动的交通需求；内部具备基本的医疗保障条件,周边有医院；有安全措施和保障能力,有安全警示标志,有专门的安全应急通道,有 24 小时、无死角的监控系统,有现场安全教育和安全防护措施,有应急预案,从未发生过重大安全事故。

（5）领导班子政治素质高、统筹协调能力强,组织机构健全,管理制度完备。有专门机构（专人）负责中小学生研学实践教育工作,接待流程、接待方案和活动开支情况长期公开。

（6）财务管理体制明确,内部保障机制健全,产权清晰,运行良好,日常运转经费来源稳定；注重预算管理、绩效评价,内部控制与财务制度健全,会计基础工作规范,具备项目管理能力。

（7）近三年来没有受到各级行政管理（执法）机构的处罚。

2. 推荐程序

省级教育行政部门要认真遴选本省（区、市）工作基础较好的符合推荐条件的青少年校外活动场所、综合实践基地等单位,确定推荐名单和推荐顺序,报教育部审核认定。

教育部组织专家对营地进行审核,并在此基础上对候选营地进行实地核查,经过审核的营地在教育部门户网站上公示后予以命名。

1. 如何理解研学旅行基地、营地的概念？

2. 研学旅行基地、营地的特性和功能是什么？
3. 如何编制研学旅行基地、营地规划？
4. 研学旅行基地、营地的建设内容包括哪些？
5. 如何申报高级别的研学旅行基地、营地？

第八章
研学旅行导师内涵与培养路径

◆ 学习引导

　　研学旅行导师是研学旅行活动的直接执行人。本章首先阐释了研学旅行和研学旅行导师的概念，分析了研学旅行导师的任职条件，说明了研学旅行导师的职责以及作用，最后论述了研学旅行导师需要具备的素养以及研学旅行导师的培养路径。

◆ 学习重点

1. 研学旅行导师的概念。
2. 研学旅行导师的任职条件。
3. 研学旅行导师的职责和作用。
4. 研学旅行导师需要具备的素养。
5. 研学旅行导师的培养路径。

　　研学旅行与普通旅游有着本质的区别。普通旅游的主体身份不确定，可以是个人、家庭、公司、团队。研学旅行的主体则是特定的以班级甚至年级为单位的中小学生。普通旅游的内容包括食、住、行、游、购、娱六要素。研学旅行的内容则更侧重于研究与学习，特别是不能只游不学。因此研学旅行导师绝不仅仅是胜任普通旅游团队带团工作的导游，他是随着研学旅行产业兴起诞生的一种新型职业。

第一节　研学旅行导师的内涵

　　《研学旅行服务规范》明确了研学旅行是以中小学生为主体对象，以集体旅行生活为载体，以提升学生素质为教学目的，依托旅游吸引物等社会资源，进行体验式教育和研究性学习的一种教育旅游活动。

一、研学旅行导师的概念

《研学旅行服务规范》中,明确提出研学导师就是在研学旅行过程中,具体制定或实施研学旅行教育方案,指导学生开展各类体验活动的专业人员。

首先,研学旅行导师是一名导游,是在研学旅行过程中提供服务的专业工作人员,是属于旅游活动过程中的专业工作人员。研学旅行导师也是需要在旅游活动开展的过程中为研学的主体也就是中小学生们提供各种游览服务、讲解服务以及生活服务的。研学旅行的基础是旅行,要把旅行活动组织好,才有可能顺利开展研学活动。

其次,研学旅行导师又不能仅仅是一位普通的导游。因为除了普通的导游服务之外,其还需要制定或实施研学旅行教育方案,指导学生开展各类体验活动。而这部分的内容显然是工作中的重点,需要特别重视。如果没有这部分内容,研学旅行就无法突出研究与学习,就成了只游不学,无法达到研学旅行的目的。

二、研学旅行导师的任职条件

研学旅行作为一种教育旅游活动,属于旅游的一种特殊形式。所以在研学旅行中提供专业服务的主要工作人员,首先应该是一名合格的导游。

根据《中华人民共和国旅游法》《导游人员管理条例》以及《导游管理办法》的规定,在中华人民共和国境内从事导游活动,必须取得导游证。导游人员进行导游活动时,应当佩戴导游证。导游证采用电子证件形式,电子导游证以电子数据形式保存于导游个人移动电话等移动终端设备中。

要想取得导游证,首先应取得导游人员资格证书,再经与旅行社订立劳动合同或者在旅游行业组织注册,可以通过全国旅游监管服务信息系统向所在地旅游主管部门申请取得导游证。

如果申请人具有下列情形,旅游主管部门不予核发导游证。

（1）无民事行为能力或者限制民事行为能力的。

（2）患有甲类、乙类以及其他可能危害旅游者人身健康安全的传染性疾病的。

（3）受过刑事处罚的,过失犯罪的除外。

（4）被吊销导游证之日起未逾3年的。

导游证的有效期限为3年。导游需要在导游证有效期届满后继续执业的,应当在有效期限届满前3个月内,通过全国旅游监管服务信息系统向所在地旅游主管部门提出申请,并提交规定的材料。

导游人员资格证书的取得,需要报考导游人员资格考试并取得合格成绩。国家旅游主管部门负责制定全国导游资格考试政策、标准,组织导游资格统一考试,以及对地方各级旅游主管部门导游资格考试实施工作进行监督管理。省、自治区、直辖市旅游主管部门负责组织、实施本行政区域内导游资格考试具体工作。

导游人员资格考试的报名者必须具备以下条件。

（1）具有高级中学、中等专业学校或者以上学历。

（2）身体健康。

（3）具有适应导游需要的基本知识和语言表达能力。

（4）中华人民共和国公民。

报名后经考试合格的，由国家旅游主管部门或者国家旅游主管部门委托省、自治区、直辖市旅游主管部门颁发导游人员资格证书。

导游人员资格考试分不同语种进行，包括普通话、英语、日语等，考生可以根据自己的情况选报一种语言。考试一般由笔试和面试两部分组成。笔试主要考试内容有政策法规、职业道德、时事政治、导游基础知识和导游业务等。面试主要考试内容有景点讲解、导游服务规范及应变能力问答等。笔试试题都使用中文，面试需要全程使用所报语种完成考试。只有笔试和面试成绩均合格的考生才能取得导游人员资格证书。如果单科考试不合格，成绩不予保留，不予补考。如果已经取得导游人员资格证书需要增加其他语种的，一般只需要加试面试即可。

研学旅行作为一种教育旅游活动，最大的特色是将教育融入了旅游活动之中。研学旅行导师还需要具备基本的教学能力，能胜任制定或实施研学旅行教育方案，指导学生开展各类体验活动的要求。因此，教师入行的基本门槛——教师证，就被认为是研学旅行导师必须具备的。

因为研学旅行的对象是中小学生，而教师资格证又具体划分为小学教师资格证、初级中学教师资格证和高级中学教师资格证，对研学导师而言，拥有教师资格证即可，并不必特别限定为某一阶段的教师资格证。

根据《教师法》《教师资格条例》《〈教师资格条例〉实施办法》和《中小学教师资格考试暂行办法》的规定，教师资格证书在全国范围内适用。教育行政部门每年春季、秋季各受理一次教师资格认定申请，应当由本人在规定的受理期限内提出申请。受到剥夺政治权利或者故意犯罪受到有期徒刑以上刑事处罚的，不能取得教师资格；已经取得教师资格的，丧失教师资格。

申请认定教师资格，应当提交教师资格认定申请表和身份证明、学历证书或者教师资格考试合格证明、教育行政部门指定的医院出具的体格检查证明、户籍所在地的街道办事处、乡人民政府或者工作单位、所毕业的学校对其思想品德、有无犯罪记录等方面情况的鉴定及证明材料。按照国家规定：取得小学教师资格证，应当具备中等师范学校毕业及其以上学历；取得初级中学教师资格证，应当具备高等师范专科学校或者其他大学专科毕业及以上学历；取得高级中学教师资格证，应当具备高等师范院校本科或者其他大学本科毕业及以上学历。

非师范院校毕业或者教师资格考试合格的公民申请认定教师资格的，应当考察其教育教学能力；根据实际情况和需要，教育行政部门可以要求申请人补修教育学、心理学等课程。

申请认定教师资格者的教育教学能力应当符合下列要求。

（1）具备承担教育教学工作所必须的基本素质和能力。

（2）普通话水平应当达到国家语言文字工作委员会颁布的《普通话水平测试等级标准》二级乙等以上标准。少数方言复杂地区的普通话水平应当达到三级甲等以上标准；使用汉语和当地民族语言教学的少数民族自治地区的普通话水平，由省级人民政府教育行政部门规定标准。

(3) 具有良好的身体素质和心理素质,无传染性疾病,无精神病史,适应教育教学工作的需要,在教师资格认定机构指定的县级以上医院体检合格。

教师资格考试科目、标准和考试大纲由国务院教育行政部门审定。中小学教师资格考试试卷的编制、考务工作和考试成绩证明的发放,由县级以上人民政府教育行政部门组织实施,每年进行一次。

被撤销教师资格的,5年内不得报名参加考试;受到剥夺政治权利,或故意犯罪受到有期徒刑以上刑事处罚的,不得报名参加考试。

教师资格考试包括笔试和面试两部分。笔试主要考查申请人从事教师职业所应具备的教育理念、职业道德、法律法规知识、科学文化素养、阅读理解、语言表达、逻辑推理和信息处理等基本能力;教育教学、学生指导和班级管理的基本知识;拟任教学科领域的基本知识、教学设计实施评价的知识和方法,运用所学知识分析和解决教育教学实际问题的能力。笔试主要采用计算机考试和纸笔考试两种方式进行。面试主要考查申请人的职业认知、心理素质、仪表仪态、言语表达、思维品质等教师基本素养和教学设计、教学实施、教学评价等教学基本技能。面试采取结构化面试、情境模拟等方式,通过抽题、备课(活动设计)、回答规定问题、试讲(演示)、答辩(陈述)、评分等环节进行。

国家确定笔试成绩合格线,省级教育行政部门确定面试成绩合格线。参加教师资格考试,考试科目全部及格的,由教育部考试中心(教育部教师资格考试中心)颁发教师资格考试合格证明。当年考试不及格的科目,可以在下一年度补考;经补考仍有一门或者一门以上科目不及格的,应当重新参加全部考试科目的考试。

第二节 研学旅行导师的职责与作用

作为新兴工作岗位,研学旅行导师在研学旅行活动的开展中至关重要。研学旅行导师不仅要负责团队的食、住、行、游、购、娱等各方面的服务,还要掌控研学课程的展开,通俗来说,就是既要游又要学。

一、研学旅行导师的职责

(一) 导游的职责

研学旅行导师首先是一名导游,作为导游,根据《导游管理办法》的规定,在执业过程中应当履行下列职责。

(1) 自觉维护国家利益和民族尊严。

(2) 遵守职业道德,维护职业形象,文明诚信服务。

(3) 按照旅游合同提供导游服务,讲解自然和人文资源知识、风俗习惯、宗教禁忌、法律法规和有关注意事项。

(4) 尊重旅游者的人格尊严、宗教信仰、民族风俗和生活习惯。

(5) 向旅游者告知和解释文明行为规范、不文明行为可能产生的后果，引导旅游者健康、文明旅游，劝阻旅游者违反法律法规、社会公德、文明礼仪规范的行为。

(6) 对可能危及旅游者人身、财产安全的事项，向旅游者做出真实的说明和明确的警示，并采取防止危害发生的必要措施。

（二）研学旅行导师的职责

研学旅行导师不仅是一名普通的团队导游，还是研学旅行活动的组织者、执行者，关系着研学旅行活动的顺利展开，其主要职责包括以下几个方面。

1. 团队接待

研学旅行导师需要具体负责团队的食、住、行、游、购、娱等各项内容的服务工作，让团队能按照合同约定的内容享受各项设施和服务。在这个工作过程中，需要联络协调多个有关的单位，如景区、餐厅、车辆等，以确保接待计划的执行情况和落实质量。

因为研学旅行团队的特殊性，团队成员全部是中小学生，研学旅行导师团队接待工作的内容比一般团队内容更加繁杂。尤其是接待年龄较小的客人，又没有家长随行，研学旅行导师还要特别细心地关照每个孩子的具体情况。有没有好好吃饭，有没有好好睡觉，有没有受伤或是生病，这些普通团队导游根本不需要考虑的问题，也会成为研学旅行导师日常必须完成的功课。孩子独自在外，为了让家长们安心，通常研学旅行导师还需要为学生们拍摄各种照片和视频，及时上传网络，方便家长查看。

2. 导游讲解

研学旅行导师需要在团队参观游览时，负责导游讲解工作。看景不如听景，没有讲解的游览是不完整的。通过研学旅行导师的讲解，中小学生才能更加清楚地了解自己家乡甚至祖国的优秀传统文化，更加明确地认识自己家乡甚至祖国的美丽大好河山。研学旅行导师还可以在游览中及时解答中小学生提出的各种问题，为大家答疑解惑，使同学们在游览中收获更多。

3. 课程教学

研学旅行导师带的不是普通团队，这类团队的特点就是团队活动中特有的研学课程。研学课程的准备、内容的讲授、活动的有序开展都有赖于研学旅行导师的整体推进。研学旅行导师要通过预设的各种类型的课程及活动，引导学生进行探究式、体验式学习。还可以在旅行过程中将旅行知识、人生智慧等元素巧妙地融入。这才是研学旅行的核心之所在。

4. 安全保障

和接待普通团队一样，研学旅行导师也要负责维护团队旅游过程中的人身和财产安全，做好安全提示工作，防范各类安全事故的发生。因为研学旅行导师面对的是中小学生组成的团队，保障安全的责任更为严峻。尤其是小学生，精力充沛，安全意识却很薄弱，最容易发生各种安全事故。

5. 应对变故

不管事先的准备工作做得有多充分，团队也难免会遇到一些意外或事故。遇到这种情况,研学旅行导师作为现场的第一负责人,需要进行现场处置,以应对已经发生或即将发生的各类紧急突发事件和情况。

二、研学旅行导师的作用

研学旅行导师对于研学旅行的开展,无疑是必不可少的,具体到其作用,主要有以下内容。

(一)代表形象

研学旅行导师在研学旅行活动开展的过程中,为团队安排并落实各项旅游活动,提供导游讲解服务以及研学课程服务。因此研学旅行活动的质量如何与研学旅行导师关系密切。团队各项活动中,客人与研学旅行导师直接接触,客人感受到的产品很大程度上都取决于研学旅行导师水平的高低以及服务的优劣。所以,研学旅行导师在事实上代表着产品的形象,代表着企业的形象,甚至是代表着行业的形象。

(二)协调各方

研学旅行活动的开展,需要把企业预制的各项计划一个个落到实处,与相关单位一个个进行衔接,还要照顾到客人们的不同需求和各种要求,这些工作都需要研学旅行导师身体力行。而在带团实践中,因各相关单位以及客人们之间利益的不同,相互之间容易发生各种冲突和矛盾,需要研学旅行导师在其中进行协调和调解。研学旅行导师就像润滑剂一样沟通各方、协调关系,促使研学旅行活动顺利进行。

(三)反馈情况

在研学旅行活动进行的过程中,中小学生对设计的研学旅行产品会做出直接的反应。作为与中小学生朝夕相处的研学旅行导师,同中小学生接触的时间最长,交流的程度最深,对中小学生关于产品的反应、需求和意见是最为了解的。研学旅行导师将在工作一线了解的情况,结合自己的接待实践,反馈到产品设计部门,可以促进研学旅行产品的不断改进和完善。只有不断提高研学旅行产品的质量,才能更好地满足大众的需求,促使研学旅行行业的正常健康发展。

(四)传播文化

研学旅行导师的讲解内容不仅与国家、民族、地区的传统文化相关,而且在游览中的讲解也涉及其他各类文化内容。旅游活动因为有人群流动,因此成为传播文化的重要媒介。中小学生通过研学旅行了解和吸收文化要素,也是推动文化自信的重要途径。研学旅行导师在工作中将优秀的文化传统进行传播,文化的知识、观念、价值规范等才能得以传承,我们的优秀中华传统文化有传承才能有发展,中华民族才能屹立于世界民族之林。

(五)引导成长

研学旅行中预设的教育环节中不乏人生智慧、生活常识类的内容,这是对中小学生有计划、有方式地进行教育,引导其成长的环节。研学旅行导师正是这些内容具体落实的执行人。另外,研学旅行导师在团队中与中小学生朝夕相处,一言一行也对他们产生着深远的影响。研学旅行导师应该时刻谨记自己的重要身份和影响力,做好引导和引领的表率。

第三节　研学旅行导师的培养路径

研学旅行导师的工作是一项需要极高能力的工作,不仅要求智商高、情商高,还要体能高,而且在带团工作中要独当一面,虽然有些工作有其他人的协助,但是导游讲解和研学课程都需要相当高的个人能力才能担当。

一、研学旅行导师的素养

研学旅行导师工作的实际需求,决定了研学旅行导师必须有较高的个人素养才能胜任。具体而言,研学旅行导师需要以下几类素养。

（一）健康的身心

对于研学旅行导师而言,首先要有健康的身体。一方面,这个工作需要和中小学生直接接触甚至同吃同住,研学旅行导师不能有传染性疾病,导致所带学生被传染甚至发病。另一方面,这个工作还需要有强健的体魄,才能胜任每天在外至少十几个小时的工作时长,才能胜任远距离走路、爬山甚至负重的工作强度。而且这个工作还需要频繁外出,经常更换工作环境,不论是严寒还是酷暑,不论是刮风还是下雨,都要风雨无阻,去适应各地的气候、水土和饮食,保证自己不能倒下。

研学旅行导师在工作中会遇到各种突发状况,需要及时应对和解决。偶尔还有可能会遇到各种意外事故甚至是自然灾害,让人措手不及。遇到这些状况,需要研学旅行导师能主动调适心情,尽量少受到干扰,一如既往地为客人提供优质服务,否则,很难用积极的心态去面对问题,解决问题,进而造成各种关系紧张的局面,导致工作难以顺利进行。

（二）良好的品德

研学旅行导师需要有正确的世界观、人生观和价值观,对人、事应抱有正确的态度和原则。如果没有判断是非、识别善恶的能力,面对社会的发展变化,不仅难以接受新事物、开拓新局面,对各种杂陈的新旧事物难辨良莠,更是无法抵御各色诱惑,缺乏起码的识别力和免疫力,容易上当受骗。

更何况,研学旅行导师身边还有中小学生会受到潜移默化的影响。研学旅行导师作为组织中小学生开展有益的社会活动的一线执行人,需要为人师表,做中小学生的表率。首先应遵守宪法、法律和职业道德,遵守有关规章制度,不断提高思想政治觉悟,才能更好地对学生进行宪法所确定的基本原则的教育和爱国主义、民族团结的教育,法制教育以及思想品德、文化、科学技术教育。

(三)科学的教育价值观

研学旅行导师应掌握正确的教育价值观,了解学生身心发展特点,能从根本上规范、指导或调节研学旅行的教育行为。正确的教育价值观对研学旅行这一教育活动的进行起着重要的导向作用,会直接影响着教育活动的目的、计划、布局、内容、结构、形式和方法。

教育价值观问题是教育的根本性问题,例如应试教育与素质教育的探讨、秩序诉求与自由诉求的探讨,都事关重大、涉及甚广,需要深入研究和把握。只有把握正确的教育价值观,才能为中小学生带来正确导向的研学旅行活动,才能体现研学旅行的价值,才能真正实现研学旅行的目的。

(四)综合的教学能力

研学旅行导师需要综合的教学能力,能够驾驭课程研发和设计、课堂教学和活动组织等工作内容。首先,要有基本的教育教学知识,如预测学生发展动态的思维能力,诊断学生学习困难的能力等,可以反思活动、大胆创新,完成课程的设计。其次,还要了解学生学习情况和个性特点,拥有教学基本技能,如深入浅出的语言表达能力、教学的有序组织管理能力等,可以将教育教学活动系统地、有条理、合理地完成。

(五)渊博的学识

研学旅行导师作为中小学生研学旅行中直接接触的指导老师,需要有渊博的知识,才能讲授研学旅行课程,才能就课程内容为学生们解疑答惑,才能顺利落实研学计划。在研学旅行中,团队还会安排景点游览,研学旅行导师需要介绍目的地的基本情况,为景点游览做导游讲解,并回答大家在参观中的问题。不论是研学课程还是景点讲解,都涉及历史、文化、地理、宗教、民俗等多方面的知识。只有储备了丰富的知识,才有可能讲得精彩、说得漂亮,满足客人的求知欲,吸引客人的关注。

(六)丰富的带团经验

研学旅行导师还需要丰富的带团经验,才能胜任旅行团的各项需求。要有团队接待服务能力、实践活动组织经验、观察分析能力、语言表达能力才能确保团队日常计划的落实。要有协调组织能力、灵活应变能力、解决问题的能力才能管理协调团队遇到的各项状况。还要有户外旅行技能、野外生存救护技能、应急救护基本常识、安全保障技能等来保障团队的安全运行。

二、研学旅行导师的培养路径

研学旅行导师的职业素养要求较高,而现实中研学旅行的发展时间还不是很长,目前的研学旅行导师多是由导游岗位直接转过来。近两年研学旅行异常火爆,导致人才市场上此类专业人才供不应求。为了抢占市场,很多单位只能保证研学旅行导师的"量",而无法保证"质"。但是为了研学旅行未来的可持续性发展,显然对研学旅行导师的培养已经是迫在眉睫。对研学旅行导师的培养,以下几条路径比较可行。

（一）专业培养

研学旅行在国家产业政策及教育行政主管部门的引导推动下，发展迅速、前景广阔。随着研学旅行市场规模的飞速拓展，研学旅行导师在市场上明显供给不足，而且这种短缺状况还随着需求的增加呈现越来越突出的状态。

由于研学旅行发展的时间还很短，专业性的研学旅行导师的培养严重不足。各旅游专业和教育专业的开办学校，可以依托自己原有的教学资源，开设研学旅行导师培养的课程甚至是专业，以弥补目前对研学旅行人才培养上的缺失。

（二）学校培养

作为研学旅行的主办方，中小学本身拥有一批了解中小学生心理状态、掌握教育教学能力的老师。中小学也可以根据自己的实际情况，将研学课程作为特殊的学习课程，培养专门的课程老师。这样每个学校就像校本课程一样，拥有自己独有的研学课程，对本校学生更有针对性，相信学习效果也会更好。

（三）行业培养

目前研学旅行发展如火如荼，行业中因专业性的研学旅行导师的缺乏，有的研学旅行产品只是游而不学，无法达到研学旅行体验式教育和探究式学习的要求，研学旅行的质量无法得到保证。行业内也应充分认识到研学旅行导师人才培养的不足将会成为研学旅行发展的瓶颈。

行业内除了在工作中提供更多的学习机会，供有希望成为研学旅行导师的新手们有机会得到成长和晋升以外，还可以组织相关体验教育、研学旅行、教育学、心理学等方面的专家，为研学导师进行课程设计、方案实施、心理技术、教育语言等方面的培训、沟通、探讨和指导，可以促使从业人员快速成长，满足市场的大批量需求。

（四）自我培养

研学旅行市场越来越火热的现状，也会吸引一批有志于从事研学旅行工作的人才进入这个市场。根据研学旅行需求，个人还可以进行自我培养，阅读书籍学习相关理论和知识，查阅资料为自己的知识构架查漏补缺，观察学习他人的经验，参加进修或其他培训提升自己研学导师的技能。

思考与练习

1. 如何理解研学旅行导师的概念？
2. 任职研学旅行导师一般会有什么要求？
3. 研学旅行导师的职责和作用是什么？
4. 研学旅行导师需要具备哪些素养？
5. 研学旅行导师培养的路径一般有哪些？

第九章
研学旅行的安全管理

◆ 学习引导

　　安全管理一直是组织实施研学旅行各责任主体关心的共同问题和前置问题。本章从研学旅行的安全事故出发,梳理了政策文件中研学旅行安全保障的相关要求,分析了服务保障和安全防范的要点及注意事项,提供了安全保障方案和应急预案的示例。

◆ 学习重点

1. 研学旅行安全事故等级和形态。
2. 研学旅行安全保障的政策文件及内容。
3. 研学旅行服务规范中的安全要素。
4. 研学旅行的安全保障方案与应急预案。
5. 研学旅行的安全教育。

　　安全是研学旅行开展的前提条件,同时安全问题日益成为阻碍研学旅行发展的首要因素。国家相关统计数据显示,全国中小学校园安全事故中校外安全事故发生的比例高达六成,校内安全事故发生的比例为四成,校外安全事故发生的比例远远高于校内安全事故。且在各类学生安全事故中,因自然灾害等客观原因导致的非责任事故仅占10%,各类安全责任事故占比高达90%。尽管国家和地方政府不断推动研学旅行的发展,但仍有一些部门和学校等待观望、徘徊不前,仍有部分家长不愿让学生参加研学旅行活动,究其原因是担心在研学旅行中出现安全事故。

　　一切出行皆有风险,研学旅行也不例外,过程中会遇到各种困难和阻力。对学校来说,研学旅行考量的不仅是校长的责任担当、教育理念,更是校长的办学思想和办学智慧;对教师来说,不能因为研学旅行手续烦琐、工作繁忙就消极对待甚至推卸责任,更不能因为安全隐患因素而因噎废食。学校、教师应该将研学旅行看成分内之事,当作是教育教学的正常工作,持之以恒,落实到位。

第一节　研学旅行安全事故与安全保障

2013年2月2日,国务院办公厅发布《国民旅游休闲纲要(2013—2020年)》,首次将研学旅行提升到国家倡导的层面,并明确提出要"逐步推行中小学生研学旅行"。此后,国务院以及教育部等部门陆续出台文件支持研学旅行,在研学旅行相关政策文件中,安全保障都是必不可少的环节。

一、研学旅行安全事故

研学旅行安全事故是指学校在进行研学旅行过程中、中小学生在参加学校的研学旅行课程中,因为各种原因导致其身体遭受伤害或者引发突发疾病的安全事故。按事故发生的性质来说,可以分为责任事故与非责任事故两种类型。责任事故是指可以预防和避免的,但因为没有及时预防而造成的伤害事故。非责任事故主要包括自然灾害事故和技术事故,比如地震、雪崩、山体滑坡、泥石流等造成的事故。按照特点来划分,有突发性和非突发性事故;按照伤害发生的程度来划分,可以分为轻伤事故类型、重伤事故类型、死亡事故类型与特别重大事故类型。一般来说,研学旅行安全事故可参照《旅游安全管理办法》,分为轻微、一般、重大和特大事故四个等级。

(1) 轻微事故是指一次事故造成旅游者轻伤,或经济损失在1万元以下者。

(2) 一般事故是指一次事故造成旅游者重伤,或经济损失在1万元至10万元(含1万元)者。

(3) 重大事故是指一次事故造成旅游者死亡或旅游者重伤致残,或经济损失在10万元至100万元(含10万元)者。

(4) 特大事故,是指一次事故造成旅游者死亡多名,或经济损失在100万元以上,或性质特别严重,产生重大影响者。

研学旅行安全事故的处理同样也可参照《旅游安全管理办法》进行。

事故发生单位在事故发生后,应按下列程序处理。

(1) 陪同人员应当立即上报主管部门,主管部门应当及时报告归口管理部门。

(2) 会同事故发生地的有关单位严格保护现场。

(3) 协同有关部门进行抢救、侦查。

(4) 有关单位负责人应及时赶赴现场处理。

(5) 对特别重大事故,应当严格按照国务院《特别重大事故调查程序暂行规定》进行处理。

事故处理后,立即写出事故调查报告,其内容包括以下几个方面。

(1) 事故经过及处理。

(2) 事故原因及责任。

(3) 事故教训。

(4) 防范措施。

研学旅行持续时间长，涉及环节多，场景变换频繁，研学活动的组织者必须面面俱到地考虑各种突发因素，预设各种危险场景，并有针对性地予以预防。突发危险情况可参照《国家突发公共事件总体应急预案》分为以下几种。

(1) 自然灾害。主要包括水旱灾害、气象灾害、地震灾害、地质灾害、海洋灾害、生物灾害和森林草原火灾等。

(2) 事故灾难。主要包括工矿商贸等企业的各类安全事故、交通运输事故、公共设施和设备事故、环境污染和生态破坏事件等。

(3) 公共卫生事件。主要包括传染病疫情、群体性不明原因疾病、食品安全和职业危害、动物疫情，以及其他严重影响公众健康和生命安全的事件。

(4) 社会安全事件。主要包括恐怖袭击事件、经济安全事件和涉外突发事件等。

二、研学旅行安全保障的政策与法规

(一) 研学旅行安全保障的政策要求

《国民旅游休闲纲要(2013—2020年)》明确要求："鼓励学校组织学生进行寓教于游的课外实践活动，健全学校旅游责任保险制度。"

国务院2014年发布的《关于促进旅游业改革发展的若干意见》中提出："按照教育为本、安全第一的原则，建立小学阶段以乡土乡情研学为主、初中阶段以县情市情研学为主、高中阶段以省情国情研学为主的研学旅行体系。"由此可确定研学旅行活动开展的原则为"教育为本、安全第一"。

2015年，国务院办公厅印发的《关于进一步促进旅游投资和消费的若干意见》中要求："旅行社和研学旅行场所应在内容设计、导游配备、安全设施与防护等方面结合青少年学生特点，寓教于游。"

2016年11月30日，教育部等11部门以教基一〔2016〕8号印发《关于推进中小学生研学旅行的意见》。该意见中对研学旅行的安全保障提出了更为全面的要求。

1. 安全性原则

研学旅行要坚持安全第一，建立安全保障机制，明确安全保障责任，落实安全保障措施，确保学生安全。

2. 规范研学旅行组织管理

各地教育行政部门和中小学要探索制定中小学生研学旅行工作规程，做到"活动有方案，行前有备案，应急有预案"。学校组织开展研学旅行可采取自行开展或委托开展的形式，提前拟订活动计划并按管理权限报教育行政部门备案，通过家长委员会、"致家长的一封信"或召开家长会等形式告知家长活动意义、时间安排、出行线路、费用收支、注意事项等信息，加强学生和教师的研学旅行事前培训和事后考核。学校自行开展研学旅行，要根据需要配备一定比例的学校领导、教师和安全员，也可吸收少数家长作为志愿者，负责学生活动管理和安全保障，与家长签订协议书，明确学校、家长、学生的责任权利。学校委托开展研学旅行,要与有资质、信誉好的委托企业或机构签订协议书,明确委托企业或机构承担学生研学旅行安全责任。

3. 建立安全责任体系

各地要制定科学有效的中小学生研学旅行安全保障方案,探索建立行之有效的安全责任落实、事故处理、责任界定及纠纷处理机制,实施分级备案制度,做到层层落实,责任到人。教育行政部门负责督促学校落实安全责任,审核学校报送的活动方案(含保单信息)和应急预案。学校要做好行前安全教育工作,负责确认出行师生购买意外险,必须投保校方责任险,与家长签订安全责任书,与委托开展研学旅行的企业或机构签订安全责任书,明确各方安全责任。旅游部门负责审核开展研学旅行的企业或机构的准入条件和服务标准。交通部门负责督促有关运输企业检查学生出行的车、船等交通工具。公安、食品药品监管等部门加强对研学旅行涉及的住宿、餐饮等公共经营场所的安全监督,依法查处运送学生车辆的交通违法行为。保险监督管理机构负责指导保险行业提供并优化校方责任险、旅行社责任险等相关产品。

4. 加强统筹协调

各地要成立由教育部门牵头,发改、公安、财政、交通、文化、食品药品监管、旅游、保监和共青团等相关部门组织共同参加的中小学生研学旅行工作协调小组,办事机构可设在地方校外教育联席会议办公室,加大对研学旅行工作的统筹规划和管理指导,结合本地实际情况制定相应工作方案,将职责层层分解落实到相关部门和单位,定期检查工作推进情况,加强督查督办,切实将好事办好。

(二)学生安全相关法规

研学旅行活动开展过程中必须确保学生的人身财产安全,我国相关法律法规对学生安全问题作出了明确的规定,这些规定都可沿用至研学旅行活动中。

《中华人民共和国未成年人保护法》在第二十二条规定:"学校、幼儿园安排未成年人参加集会、文化娱乐、社会实践等集体活动,应当有利于未成年人的健康成长,防止发生人身安全事故。"在第二十四条中规定:"学校对未成年学生在校内或者本校组织的校外活动中发生人身伤害事故的,应当及时救护,妥善处理,并及时向有关主管部门报告。"在第三十五条中规定:"生产、销售用于未成年人的食品、药品、玩具、用具和游乐设施等,应当符合国家标准或者行业标准,不得有害于未成年人的安全和健康;需要标明注意事项的,应当在显著位置标明。"在第三十七条中规定:"任何人不得在中小学校、幼儿园、托儿所的教室、寝室、活动室和其他未成年人集中活动的场所吸烟、饮酒。"

除此之外,教育部还出台了专门针对学生安全事故的规章——《学生伤害事故处理办法》,其中规定:"因下列情形之一造成的学生伤害事故,学校应当依法承担相应的责任……学校组织学生参加教育教学活动或者校外活动,未对学生进行相应的安全教育,并未在可预见的范围内采取必要的安全措施的。"该办法还规定:"学校安排学生参加活动,因提供场地、设备、交通工具、食品及其他消费与服务的经营者,或者学校以外的活动组织者的过错造成的学生伤害事故,有过错的当事人应当依法承担相应的责任。"另外,该办法还规定了学校不承担法律责任的情况,因下列情形之一造成的学生伤害事故,学校已履行了相应职责,行为并无不当的,无法律责任。
(1) 地震、雷击、台风、洪水等不可抗的自然因素造成的。
(2) 来自学校外部的突发性、偶发性侵害造成的。
(3) 学生有特异体质、特定疾病或者异常心理状态,学校不知道或者难于知道的。
(4) 学生自杀、自伤的。
(5) 在对抗性或者具有风险性的体育竞赛活动中发生意外伤害的。
(6) 其他意外因素造成的。

第二节 研学旅行的服务规范与安全防范体系

如果安全得不到保障,那研学旅行将失去意义。研学旅行的安全性问题主要体现在交通安全、食品安全、住宿安全及人身安全等方面,而要在这些方面实现安全有保障,需要多个部门、各个层面协调配合。对于如何安全地开展研学旅行,教育部等部门也出台了一系列的规范、指南、纲要进行指导。

一、研学旅行的服务规范与服务保障

(一) 研学旅行的服务规范

《研学旅行服务规范》为研学旅行在人员配置、服务保障、安全管理等方面提供了具体的参照依据,是引导和推动研学旅行健康发展的重要文件。

1. 安全员

承办方应至少为每个研学旅行团队配置一名安全员,安全员在研学旅行过程中随团开展安全教育和防控工作。

2. 安全防控措施

主办方应有明确的安全防控措施、教育培训计划。

旅行社(承办方)应制作并提供研学旅行产品说明书,产品说明书除应符合《中华人民共和国旅游法》和《旅行社服务通则》中有关规定外,还应包括研学旅行安全防控措施。

3. 交通服务

应按照以下要求选择交通方式。

(1) 单次路程在400千米以上的,不宜选择汽车,应优先选择铁路、航空等交通方式。

(2) 选择水运交通方式的,水运交通工具应符合《水路客运服务质量要求》中的规定,不宜选择木船、划艇、快艇。

(3) 选择汽车客运交通方式的,行驶道路不宜低于省级公路等级,驾驶人连续驾车不得超过2小时,停车休息时间不得少于20分钟。

（4）应提前告知学生及家长相关交通信息，以便其掌握乘坐交通工具的类型、时间、地点以及需准备的有关证件。

（5）宜提前与相应交通部门取得工作联系，组织绿色通道或开辟专门的候乘区域。

（6）应加强交通服务环节的安全防范，向学生宣讲交通安全知识和紧急疏散要求，组织学生安全有序乘坐交通工具。

（7）应在承运全程随机开展安全巡查工作，并在学生上、下交通工具时清点人数，防范出现滞留或走失。

（8）遭遇恶劣天气时，应认真研判安全风险，及时调整研学旅行行程和交通方式。

4．住宿服务

（1）应以安全、卫生和舒适为基本要求，提前对住宿营地进行实地考察，主要要求如下。

①应便于集中管理。

②应方便承运汽车安全进出、停靠。

③应有健全的公共信息导向标识，并符合《标志用公共信息图形符号》的要求。

④应有安全逃生通道。

（2）应提前将住宿营地相关信息告知学生和家长，以便做好相关准备工作。

（3）应详细告知学生入住注意事项，宣讲住宿安全知识，带领学生熟悉逃生通道。

（4）应在学生入住后及时进行首次查房，帮助学生熟悉房间设施，解决相关问题。

（5）宜安排男、女学生分区（片）住宿，女生片区管理员应为女性。

（6）应制定住宿安全管理制度，开展巡查、夜查工作。

（7）选择在露营地住宿时还应达到以下要求。

①露营地应符合《休闲露营地建设与服务规范》的要求。

②应在实地考察的基础上，对露营地进行安全评估，并充分评价露营接待条件、周边环境和可能发生的自然灾害对学生造成的影响。

③应制定露营安全防控专项措施，加强值班、巡查和夜查工作。

5．餐饮服务

（1）应以食品卫生安全为前提，选择餐饮服务提供方。

（2）应提前制定就餐座次表，组织学生有序进餐。

（3）应督促餐饮服务提供方按照有关规定，做好食品留样工作。

（4）应在学生用餐时做好巡查工作，确保餐饮服务质量。

6．医疗及救助服务

（1）应提前调研和掌握研学营地周边的医疗及救助资源状况。

（2）学生生病或受伤，应及时送往医院或急救中心治疗，妥善保管就诊医疗记录。返程后，应将就诊医疗记录复印并转交家长或带队老师。

（3）宜聘请具有职业资格的医护人员随团提供医疗及救助服务。

7．安全管理

（1）安全管理制度。主办方、承办方及供应方应针对研学旅行活动，分别制定安全管理制度，构建完善有效的安全防控机制。研学旅行安全管理制度体系包括但不限于以下内容。

①研学旅行安全管理工作方案。

②研学旅行应急预案及操作手册。

③研学旅行产品安全评估制度。

④研学旅行安全教育培训制度。

(2) 安全管理人员

承办方和主办方应根据各项安全管理制度的要求,明确安全管理责任人员及其工作职责,在研学旅行活动过程中安排安全管理人员随团开展安全管理工作。

(3) 应急预案

主办方、承办方及供应方应制定和完善包括地震、火灾、食品卫生、治安事件、设施设备突发故障等在内的各项突发事件应急预案,并定期组织演练。

8. 安全教育

(1) 工作人员安全教育。

应制订安全教育和安全培训专项工作计划,定期对参与研学旅行活动的工作人员进行培训。培训内容包括安全管理工作制度、工作职责与要求、应急处置规范与流程等。

(2) 学生安全教育。

学生安全教育要求如下。

①应对参加研学旅行活动的学生进行多种形式的安全教育。

②应提供安全防控教育知识读本。

③应召开行前说明会,对学生进行行前安全教育。

④应在研学旅行过程中对学生进行安全知识教育,根据行程安排及具体情况及时进行安全提示与警示,强化学生安全防范意识。

(二) 研学旅行服务保障

第一,加强研学旅行线路研发。对旅行社和研学旅行主题方案进行评定,实行严格管理,完善违法信息共享,积极创造诚实守信的研学旅行环境。建设一批规范化的研学旅行基地和营地,逐步完善接待体系。

第二,加强研学旅行安全保障。必须强化研学旅行全过程安全管理,做到防患于未然,确保万无一失。特别要严把研学旅行过程中交通安全、食品安全关。旅行社从业人员(含研学导师)上岗前要进行安全风险防范及应急救助技能培训。旅行社要对学生进行风险提示,开展安全培训,要有专业的医护和应急人员随行。旅行社要成立专业的应急处置部门,安排专人负责协调处理突发事件。要为师生购置足额保险。

第三,在安排研学旅行交通运输方面必须做到以下几点。

(1) 要考察出行线路。尽量安排通行顺畅、安全的道路,要制定线路图。

(2) 旅行车辆须选用旅游汽车公司的合法车辆,不得租用手续不全、无资质、未参保等问题车辆,租用车辆时,必须签订"旅游团队汽车运输合同"。

(3) 从业驾驶员应具有 10 年以上驾驶经验,5 年以内无责任安全事故和不良诚信记录,应具有应急救护的基本常识和基本技能。

(4) 在出行过程中,应保证每人都有座位。

(5)涉及远途和赴境外研学旅行时要选择安全性能高、成本低的高速列车、旅游专列、航空线路。

第四,在安排研学旅行就餐方面必须做到:选择具有食品药品监督管理部门颁发的"餐饮服务许可证"和工商部门颁发的"营业执照"的餐饮企业,有大型团队接待经验,从业人员均具有健康证,企业和从业人员5年内无责任事故和不良诚信记录。

第五,在安排研学旅行住宿方面必须做到以下几点。

(1)选择具有公安部门颁发的"特种行业许可证"和工商部门颁发的"营业执照"且住宿价格相对较低的经营场所和营地。

(2)需要搭建户外帐篷时,营地帐篷区应建在高地以防止暴雨、洪水、泥石流等自然灾害造成损害;同时应具有驱蚊、驱虫等措施;应有夜间值班巡逻人员,保证应急救援人员随时待命,确保营地学生安全。

第六,在安排研学旅行目的地方面必须做到:应选择具有合法经营资质的接待单位或政府认可的接待单位;有专业的接待团队和专业的操作人员;接待单位在近5年内无责任安全事故和不良诚信记录;接待单位有安全保障制度、安全应急人员和医务人员。

第七,制作紧急联络卡(见表7-1),以备出现安全问题时可根据卡片信息联系到相关人员。

表 7-1 紧急联络卡

姓名			
学校			照片
联系电话			
血型		年龄	
酒店住址		班级	
紧急联系人		性别	
所在地		学生证号	
酒店电话		有无过敏史	
备注			

二、国内与境外研学旅行的安全保障方案与要求

(一)研学旅行安全保障方案

研学旅行前,学校应制定切实可行的研学旅行安全保障方案,其主要内容包括以下几个方面。

1. 健全领导机构

设立研学旅行领导小组,组长一般由校长或书记担任,主要负责研学旅行整体工作,做

好全面协调和指导工作。副组长一般由副校长担任,主要配合组长负责交办工作,做好分管的研学旅行安全工作,做好小组成员协调工作和督促工作。小组成员一般由校委会中层领导担任,主要职责是统一服从领导小组的指挥和安排,负责各自的专项安全工作,做好协调部门和具体管理工作,也可以按照车辆管理、纪律教育、饮食住宿、安全保障、宣传报道后勤服务等方面给成员进行具体分工。

2. 职责分工明确

带队教师工作组组长一般由年级组长或教研组长担任,职责是统一听从领导小组指挥和安排,做好具体管理工作。成员可多人,一般由部室干事或行政管理人员担任,职责是配合组长做好检查、督促工作,负责下情上报工作,安排宣传报道,负责摄影报道、活动宣传等。安排校医负责研学旅行全程紧急救护(也可聘请校外专业医生)。

3. 人员认真负责

带队教师负责人员点名,做好活动中的安全教育,有序组织工作,落实责任。

4. 要求明确清晰

对学生、老师讲明研学旅行全过程安全注意事项,对工作人员讲明纪律要求,建立责任追究制度。

案例 1　××学校×××研学旅行安全保障方案

为了贯彻落实"安全第一,预防为主"的安全工作方针,切实保障学校广大师生研学旅行活动的安全,特制定研学旅行活动安全保障方案。

一、组织领导及职责

为加强本次师生外出安全的管理,学校成立了研学旅行领导小组,成员如下。

1. 领导小组

(1) 组长:×××(一般由校长或书记担任)。

职责:负责研学旅行整体工作,做好全面协调和指导工作。

(2) 副组长:×××(一般由副校长担任)。

职责:配合组长负责交办工作,做好分管的研学旅行安全工作,做好小组成员的协调和督促工作。

(3) 成员:×××(可多人,一般由校委会中层领导担任)。

职责:统一听从领导小组的指挥和安排,负责交办给各自的专项安全工作,做好协调部门和具体管理工作。(可以按照车辆管理、纪律教育、饮食住宿、安全保障、宣传报道、后勤服务等方面给成员进行具体分工。)

2. 带队教师工作组

(1) 组长:×××(一般由年级组长或教研组长担任)。

职责:统一听从领导小组指挥和安排,做好具体管理工作。

(2) 成员:×××(可多人,一般由部室干事或行政管理人员担任)。

职责：配合组长做好检查、督促工作，负责下情上报工作，安排宣传报道，负责摄影报道、活动宣传等。

二、安全工作具体分工情况及职责

1. 带队教师：×××

每班带队教师不少于3名。

2. 负责人员点名的教师：×××

负责在每次活动前后、上下车前后、用餐前后和住宿前后，清点人数。不遗漏任何一名学生。

3. 宣传报道：×××

负责摄影报道、活动宣传等。

4. 校医：×××

负责研学旅行全程紧急救护（也可聘请校外专业医生）。

5. 交通安全

各班带队教师带好自己班级的学生，职责如下。

（1）上车前各班带队老师维持学生纪律，保持队伍整齐；负责清点人数，上报给所在车辆负责人，做到不遗漏任何一名学生。上车后，车辆负责人在核实上报人数并确认无误后，再次复查学生人数。（车辆负责人：×××）

（2）组织学生有序上下车，提醒学生途中注意事项，如车辆驾驶员有超速行驶等危及学生安全的行为应及时予以提醒，并联系校长通报到公司，保障旅行途中的安全。

6. 活动安全

（1）学校、旅行社（文化公司）和基地（营地）签订三方协议，明确研学旅行内容和安全防护措施。

（2）活动前，基地（营地）或旅行社到学校讲解研学知识和所需的必备物品，告知注意事项。

7. 食品安全

各班带队教师组织学生排队就餐，负责食品安全工作，积极应对各种突发的食品安全问题，提醒同学们注意饮食卫生，不乱买摊点食品、零食、饮料。

8. 密切联系

在校工作组成员与研学导师保持密切联系，做好返回接车准备。

班主任老师与家长随时保持联系，便于家长了解孩子的研学情况和返程接车安排。

三、安全教育

为确保此次活动安全顺利展开，学校于×年×月×日下午召开研学旅行学生会议，有针对性地对参加人员进行安全教育，内容如下：

（1）各成员具体分组情况，班级各人员的具体职责安排。要求每个负责人均要以高度的责任心对每个学生的安全负责。

(2) 对可能发生的突发事件,指明具体的处理程序和处理方法。要求每个人在遇到突发事件时,保持冷静,保护自身安全,服从指挥。

四、研学旅行过程中的纪律要求

(1) 在研学旅行过程中,带队老师和各小组成员要明确各自的职责,时时注意班级成员的动向,确保活动安全、顺利进行。

(2) 所有班级成员按照指定时间准时集合,在研学过程中不得擅自离队,如有紧急事情,需要向带队教师报告,得到允许后方可离去。

(3) 在研学过程中全体成员必须遵守基地(营地)的各项规章制度,特别要注意安全提示,争做文明研学者。

(二) 德育工作和实践活动课程中的安全要求

《中小学德育工作指南》(教基〔2017〕8号)(以下简称《指南》)是指导中小学德育工作的规范性文件,适用于所有普通中小学。该《指南》要求,要规范研学旅行组织管理,制定研学旅行工作规程,做到"活动有方案,行前有备案,应急有预案",明确学校、家长、学生的责任和权利。

《中小学综合实践活动课程指导纲要》要求,地方教育行政部门要与有关部门统筹协调,建立安全管控机制,分级落实安全责任。学校要设立安全风险预警机制,建立规范化的安全管理制度及管理措施。教师要增强安全意识,加强对学生的安全教育,提升学生安全防范能力,制定安全守则,落实安全措施。

(三) 境外研学旅行的安全规范

为规范和引导中小学生赴境外研学旅行活动的组织与实施,教育部 2014 年 7 月 14 日发布了《中小学学生赴境外研学旅行活动指南(试行)》(以下简称《指南》)。该《指南》要求如下。

(1) 选择境外研学旅行目的地,应在兼顾气候、交通、卫生、语言、食宿等的基础上,优先考虑环境安全、友好、文化内涵丰富、教育教学水平较高的国家和地区,注重体验多样性文化,不宜偏重单一国家或者地区。境外研学旅行的举办者要关注政府部门发布的预警信息,规避战争、疾病、灾害等存在安全隐患的国家和地区。

(2) 境外研学旅行的举办者事先要以书面形式将活动内容、境外食宿安排、所需费用(含保险费用)、文明安全等事项告知学生和家长。学生家长要审慎选择境外研学旅行活动,并向举办者提供书面的署名同意书和学生健康证明。

(3) 举办者要做好学生、家长的行前培训和说明工作。举办者要加强学生的安全教育。可以通过手册、讲座等多种形式指导学生熟悉必备的安全知识,注意保管好个人证件和随身物品,牢记带队教师和我国驻外使领馆以及当地报警电话,掌握当地交通、公共安全、饮食等基本常识,留意交通工具和住所的紧急逃生路径或出口,规避和远离危险区域和场所,知晓应对突发情况的自我保护措施和求助方式等。

(4) 举办者要建立安全责任机制,制定突发事件应急预案;要做好相关信息的备份工作,以备遇到突发情况能够及时提供。在境外期间,举办者要通过适当方式向学生家长及时沟通活动进展情况。条件允许的,可以每天向学生家长通报情况。

(5)举办者应在出行前培训带队教师掌握紧急救险和医学急救的知识。带队教师要熟悉目的地国家和地区的情况(含相关法律规定情况),具备强烈的责任感和较强的执行力,拥有良好的语言沟通和组织协调能力。

(6)在境外期间,领队和带队教师要协调落实教育教学活动,灵活机动地处置和排除交通及其他安全隐患,配备应急药物,关注学生的饮食卫生,并常备护照复印件等学生信息。遇到危及学生人身安全或其他紧急、突发情形的,领队和带队教师要采取必要的处置措施,并在第一时间向我驻外使领馆和举办者报告。

三、研学旅行安全防范与应急预案

研学旅行的主要对象是中小学生,这一群体的安全意识还不强,需要构建完备的研学旅行安全防范体系来保障学生安全。学校需要加强安全防范培训、提高安全管理能力。

开展研学旅行,制定应急预案是必不可少的一项重要工作。应急预案的制定,要遵循以下几个方面。

一是要看研学旅行的活动内容。针对活动内容进行安全教育,应急预案中要有详细的安全保障举措,要把活动可能的安全风险告知学生和家长,把安全内容纳入自愿报名协议中、研学旅行活动全过程中,要根据学生数量及活动需要,安排校领导、老师具体负责和组织实施。

二是要看研学旅行的地点。开展研学旅行的地点选择影响着研学旅行活动的安全,基地(营地)、景区交通条件、场地规模、设施状况等都影响着研学旅行是否能安全开展。

三是要看研学旅行的交通。交通便利、路况良好是最佳条件。学校还要选择证件齐全、合法合规、具有一定品牌影响力和丰富客运经验的公司。行驶过程中要求驾驶员谨慎驾驶、不疲劳驾驶、不闲谈,确保安全。研学辅导员要兼职行车安全监督员,行车前要提醒学生们将物品放好,防止物品砸伤学生或损坏物品。行车中要提醒学生系好安全带,不要在通道上行走,防止摔伤。遇到驾驶员违反交通安全规定或行车规范的,要善意提醒、规避风险。如车辆存在严重安全隐患或驾驶员存在违规行为,研学辅导员可以要求立即停车,及时与安全领导小组负责人联系,要求更换车辆或驾驶员等。

四是要看研学旅行的天气。如遇恶劣天气或突发事件,研学旅行领导小组应启动应急预案,开展工作,必须做到第一时间组织活动,第一时间上报主管部门,第一时间拨打救援电话"110""120"。

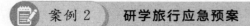

案例 2　　研学旅行应急预案

一、突发事件报告制度
未经学校领导小组批准,任何人不得擅自对外发布事件信息。
发生突发安全事件时,必须做到第一时间将简要情况电话报告学校安全领导小组。报告内容包括以下两个方面。

(1) 发生突发事件的时间、地点、事情经过、伤亡人数、财产损失等。

(2) 突发事件发生的原因、性质的初步判断,发生事件抢救处置的情况和采取的措施。如果不能处理,需要相关部门处理的,要保护好现场,及时拨打"110""120"向有关部门求助。

二、应急事故处理

1. 旅行前

(1) 如遇特殊情况,部分人员身体不适,则向跟班老师汇报,并为其请假。

(2) 如遇恶劣天气和自然灾害不能出行,则将活动延期。

(3) 若有学生晕车,提前做好准备,同时了解其是否对晕车药过敏,不过敏者提前半小时服用晕车药,对晕车药过敏者,食用可以预防晕车的相关食品。

2. 旅行途中

(1) 突发交通安全事件。

①第一时间内学校和旅行社必须做到:立即抢救伤员并拨打急救电话"120";立即拨打"110"向公安部门报案;立即向学校安全领导小组报告;保护好现场,通知受伤学生家长。

②安全领导小组成员在最短时间内赶到现场,指导协调处置事件善后问题。

③研学导师可根据车况与司机协商是否可以送学生进行后续活动,尽量少耽误时间。

④旅行社应急法务应及时赶到现场,负责现场处理、证据收集、事后谈判协商处理后续事宜,尽一切努力保障师生合法权益。

(2) 针对摔伤、划伤等轻微外伤。

①提前准备云南白药、气雾剂、创可贴、万金油等。

②若遇到紧急情况,将联系相关负责人向附近诊所、医院求助送医。

(3) 发生迷路情况。

①由学校安全小组安排相关人员迅速展开搜救,联系景区广播寻找,半小时以上失联则抓紧报案。

②研学导师和跟班老师组织其余人员有序进行活动。

③查清走失原因,提醒其他学生避免再次发生。

(4) 突发食物中毒。

①发现人员有疑似食物中毒症状后,当地社区医生立即进行简要处置。

②迅速拨打"120"等待急救;学校也可视情况紧急启用随团车辆护送病人到就近医院抢救治疗。

③迅速报告学校安全领导小组,学校通知相关学生家长。

④封存相关食物,配合卫生监督部门查明事件原因。

⑤积极做好学校师生和家长的稳定工作,控制事态以免扩大,积极做好善后工作。

⑥积极配合上级有关部门做好诊治、检查、事故处理等工作。

⑦如事件与餐厅有关,按照协议追究其责任,维护学生合法权益,并将其列入黑名单。

(5) 突发意外伤害。

①防止二次伤害发生;紧急情况下,立即拨打"120"等待急救。

②发现人员在活动中发生跌伤、晕厥、落水、被动物咬伤、突发疾病等意外事件,校医或当地社区医生立即进行简要处理。

③迅速报告学校安全领导小组,学校通知相关学生家长。

(6) 突发火灾事故。

①住宿安全培训:入住酒店后,由酒店安全工作人员进行安全知识培训,讲解住宿安全注意事项,演示灭火器的使用方法,进行现场火灾逃生演练。

②参观或活动地点如发生意外火灾,现场工作人员应立即疏散学生,指导学生用湿毛巾捂住口鼻,用手势指挥学生低身迅速撤离到安全地带;烟雾浓烈时,应尽量贴近地面爬行撤离。

③立即拨打火警电话"119",准确说明引起火灾的时间、地点,引起火灾的可燃物质,是否有人员伤亡等,以便火警迅速地准备扑救措施,同时报告学校安全领导小组,实施相应的应急预案,确保学生的人身安全。

(7) 突发学生纠纷。

①研学导师本着自愿分房的原则安排学生住宿,随时注意观察学生之间的关系,一旦发现不和谐因素,要及时进行开导和劝说,也可视情况通过班干部处理学生矛盾,确保活动顺畅。

②学生间发生争执,研学导师要马上调解,并根据实际情况进行心理疏导。

③采取必要措施,预防打架斗殴事件的后续事件发生。

④如有受伤,立即救治,暂停两人课程,致电安全活动组织寻求解决。

⑤研学导师与学校共同做好善后调解处理工作。

(8) 物品遗失。

①由相关工作人员进行财产安全培训,提醒学生保管好随身携带物品,贵重的物品可交由带队老师保管。

②如果在景点、酒店或者车上遗失物品时,应及时联系现场工作人员进行寻找,如寻找未果,则需进行备案,继续寻找,找到后及时归还。

③如果自由活动时丢失物品,应及时找相关人员进行寻找,如遗失的物品过于贵重,可请当地派出所等相关部门协助进行寻找。

(9) 突发性传染疾病流行。

①对传染病病人和疑似传染病病人就地隔离、就地观察、就地等待医疗部门治疗,及时报告相关卫生部门严控外来人员进入。

②队医对学生应采取必要的预防措施。

③所有教室、人群聚集场所要加强通风,注意劳逸结合,注意个人卫生,以增强抵抗力。

④活动场所要采取必要的消毒措施。

⑤根据情况,取消或者推迟活动。

(10)不可抗力因素导致的自然灾害。

①发生自然灾害时,以生命安全第一的原则,迅速撤离受灾区域,启动相关安全应急预案。

②应尽力采取保护和自救措施,事后应及时施救,并将事实情况通过汇报程序汇报。

③研学导师要时刻与学生在一起,全力保障学生人身安全,抚平孩子情绪。如发生受伤情况,随队医生应立即进行处理,并将伤者送往当地最近的医院。

④灾后第一时间撤离,学生迅速与家里取得联系,报告人身安全情况。

(11)恶劣天气。

①如政府宣布中小学生停课,将不安排任何外出,在基地或宾馆举行室内活动。

②无停课安排,本着尽量在驻地附近的原则安排相关活动。

③活动内容应提前与带队老师、家长协商。

(12)外来侵害预防。

①加强营地安全管理,禁止外来人员进入。

②如发生严重伤亡事故,应尽快疏散学生,随队医生对受伤学生进行及时治疗。无法或无能力救治,应及时向相关部门报警。

③发生学生伤亡的恶性事故时,现场工作人员应立即保护现场,并报告指挥中心及安全中心负责人。

④法务中心要对恶性事故的原因进行及时调查,实事求是配合相关部门提供相应证据证件,事故要根据调查结果以及相关法律法规条例来处理。

四、研学旅行安全教育

中小学生研学旅行,应开展行前安全教育,应从吃、住、游、行、人身安全、财产安全等方面强化学生安全意识,提高自我保护能力。

吃。研学旅行前要注意调整饮食,多吃清淡食物,以免上火。参观时不能随便购买零食、冷饮,不吃陌生人给的东西,切勿吃生食、生海鲜、腐烂水果,不要光顾路边无牌照摊档,切忌暴饮暴食,多喝温水,多吃蔬菜、水果。要在统一安排的餐厅就餐,不应挑食,要注意营养均衡。不得抢饭,若不够吃,可向带队老师反映。用餐时不要着急,不要烫伤自己。服务员上菜时要格外小心,带队老师和研学辅导员应协助年龄较小的学生料理日常生活。

住。要注意休息,保持充沛的精力。住宿时不得在夜间或自由活动时间自行外出,如确实需要外出,请告知研学辅导员,并请人陪同以保证安全。入住宾馆,检查房间内设施是否有问题,如有问题需及时告知研学辅导员或在查房时及时反映。住宿时,切勿贪图一时凉快用冷水洗澡,如需帮助应及时给带队老师打电话。晚上按时就寝,查房后,锁好房间门,不要让陌生人进入房间,不得擅自离开房间。

游。遵守团队纪律，随身佩带研学旅行卡牌，必须听从研学导师的安排，爱护资源、保护环境、不损坏公共财物和设施设备。不得无故退出或中途离开团队。旅途过程中，自觉排队，有序游览，不要拥挤。

行。遵守乘车时间。准时抵达集合地点，不要误车。车辆行驶途中不得擅自离开座位，不得随意走动，不要把头、手伸出窗外。车上不得大声喧哗，随时保持车上卫生。上车后请系好安全带，靠走道的同学放下座椅把手。

人身安全。遵守纪律，安全第一。要严格执行安全规定，确保购买旅行社责任险及人身意外伤害保险，在研学旅行过程中发生人身意外事故，按保险条款处理。要保证身体健康，不得隐瞒重大疾病和病史（如有无心脏病、传染病史等）。洗澡时，注意防滑，不要嬉戏，调好水温，防止烫伤。不得触摸电器线路板、插座等带电设施。

财产安全。参加研学旅行的学生尽量少带贵重物品。不在公共场所露出大额现金，不乱花钱。注意保管好自己的财物，多于100元的现金可交由带队老师暂时保管。

纪律意识。同学们要有蓬勃向上的朝气，讲文明、懂礼貌，保持良好的精神面貌，要团结友爱、互帮互助；同学之间发生矛盾时，应及时向研学辅导员反映。同学们不要相互追逐打闹，按顺序行走，认清自己的队伍、队旗、研学辅导员，服从安排。

集体意识。旅行中，要有集体观念，统一行动，互相帮助，不要独自离开或者随意更改旅游地点和时间，如确实有要事（如买水、如厕等），必须向带队老师说明，由带队老师陪同随行。在活动期间不得和陌生人来往，要提高警惕，不接受陌生人给予的食物和饮料，遇到有人搭讪或纠缠，要立刻向带队老师报告，特殊情况下可求助警方。如发现同伴身体不适，应立刻报告研学辅导员或带队老师。如有同学走散，不要恐慌惊叫，听从老师指挥，集体结伴寻找。

必备物品。研学旅行时必须携带部分生活用品及安全防范用具。

（1）洗漱用品：毛巾、牙膏、牙刷、洗发水、沐浴露、洗衣液等。

（2）常备药品：感冒药、腹泻药、晕车药、跌打损伤药、清凉油、创可贴、驱蚊药、花露水等。

（3）生活用品：饼干、火腿肠、面包、水果、水杯、钱包、塑料袋、衣物、鞋、卫生纸、防晒装备等。

（4）学习用品：双肩包、资料、签字笔、笔记本、手机、照相机等。

（5）防护用具：手电筒、雨披、求救哨子、小黄帽、应急救护包、旅行卡牌、反光背心等。

思考与练习

1. 研学旅行安全事故有哪些类型？
2. 研学旅行安全保障方面有哪些政策与法规？
3. 研学旅行服务保障各方需要提供哪些证件？
4. 编制一份研学旅行安全保障方案？
5. 编制一份研学旅行应急预案？
6. 如何开展研学旅行安全教育？

案例篇

第三部分

案例一
红旗渠
——研学旅行别样红[①]

一、基本情况

有着悠久"红色历史"的红旗渠自建成以来,就一直是中国乃至世界瞩目的焦点、研究和学习的范例。早在1996年,红旗渠便被国家教委、民政部、文化部、国家文物局、共青团中央、解放军总政治部联合命名为"全国中小学爱国主义教育基地";1997年被中宣部命名为"全国爱国主义教育示范基地",成为促进青少年成长的重要综合素质教育资源。

随着社会的不断发展,红旗渠由单一的水利灌溉工程发展为人文与山水和谐组合的经典景区,并荣获了全国廉政教育基地、全国红色旅游经典景区、国家AAAAA级旅游景区、全国旅游系统先进集体、国家水利风景区、国家地质公园、全国重点文物保护单位等荣誉称号。

2016年12月,为积极响应教育部等11部门印发的《关于推进中小学生研学旅行的意见》,红旗渠风景区依托独有的石工建筑、精神价值和太行山优美的自然山水景观等资源优势和众多国字号品牌,结合素质教育的规划要求,针对全国中小学生,致力于打造中国青少年红旗渠研学之旅精品研学旅行项目。于2016年年初,红旗渠入选全国首批研学旅游示范基地;2017年12月,入选教育部第一批全国中小学生研学实践教育基地、营地名单。在落实习总书记"培养什么样的人,如何培养人以及为谁培养人的问题"和"把红色资源利用好、把红色传统发扬好、把红色基因传承好"的具体行动中,红旗渠探索出了独特的研学之路。

近年,"红旗渠畔甲骨情""火车向着安阳跑""跟着课本游中国"等大型研学活动陆续精彩上演。其中,2018年4月由安阳市人民政府主办、安阳市旅游局承办的"红旗渠畔甲骨情"大型研学宣传活动在红旗渠风景区精彩开幕时,来自中国人民大学画院、郑州大学、太原理工大学、安徽师范大学等26所高校的5000余名学子及我国香港地区的20名大中小学校长等齐聚红旗渠畔,展示出红旗渠景区生机勃勃、青春向上的研学旅游氛围。使广大青少年进一步感受红旗渠精神及中国优秀传统文化的魅力所在,让传统文化得以继续传

---

① 资料来源:红旗渠风景区官网、红旗渠精神教育培训/研学旅行基地官网整理。

承、创新和活化，以学与乐相补充结合的方式让每一位游客在旅行中学习，在旅行中成长。

2018年5月26日，"中国研学旅行联盟成立大会暨红旗渠研学旅行论坛"在林州市红旗渠风景区召开。会上将红旗渠风景区作为研学旅行联盟的发起单位与副理事长单位及常设会址，围绕红旗渠制定了《中国研学旅行联盟团体系列标准》和《中国研学旅行联盟红旗渠宣言》。大会形成"中国研学旅行从红旗渠走来"的共识，并决定将每年的5月26日确定为"中国研学旅行日"。中国研学旅行联盟理事长胡呈军认为：中国研学旅行从红旗渠走来！研学旅行是不忘初心继续前进的有效育人形式，是培养社会主义合格接班人的重要举措。中国研学旅行联盟成立大会的召开，标志着我国研学旅行建设工作取得了重大突破，红旗渠风景区已成为中国研学旅行领域新高地，在中国研学旅行行业发展历程上更是一次质的飞跃。

2018年9月8日，红旗渠研学旅行规划评审会议在北京召开，会议邀请教育界、旅游界等各领域七名专家学者组成专家评审组，对红旗渠研学旅行项目规划进行最终评审。会上，红旗渠研学旅行规划被定为国内首部研学旅行专项规划，并认定"山碑·天河·红旗渠"和"研学圣地红旗渠"两大品牌。作为全国首家通过业界权威专家评审的研学旅行单位，红旗渠风景区再一次将中国研学旅行推上新的制高点。

二、主要做法

（一）成立专门的组织机构进行管理

林州市红旗渠教育培训咨询有限公司（林州红旗渠研学教育咨询有限公司）是林州市红旗渠风景区旅游服务有限公司全资投资的唯一一家官方指定的集学习交流、教育培训、能力培养、实践锻炼为一体的培训中心机构，以传承、弘扬、宣传红旗渠精神为宗旨，增强党员干部党性以及企业职工、中小学生修养为目标，具备专业的红色文化教育培训资质。公司依托可触、可见、可悟的特有红旗渠精神资源以及丰富的自然人文资源，为广大中小学生、党员干部、企业职工坚定理想信念、陶冶道德情操、激发创业热情、提高自身素质，并提供高效、有益的红色精神能量补充。

2018年3月10日，红旗渠风景区推出"红旗渠精神教育培训及研学旅行基地网站"。[①] 网站设置专业的研学旅行及培训的教务处、培训一部、培训二部等研学职能部门。同时，还设置丰富的课程安排、教学资源、培训基地、实践基地核心板块展示红旗渠研学基地的研学信息及资源。

（二）打造特色的主题教育旅游产品

红旗渠为中小学生量身打造了"中国青少年红旗渠研学之旅——十个一"主题教育旅游产品，即当一次红旗渠讲解员、看一场红旗渠电影、走一次红旗渠、推一把独轮车、抡一回开山锤、抬一回太行石、吃一次民工餐、看一场凌空除险表演、学唱一首红旗渠歌曲、开一场红旗渠主题班会。项目以"十个一"主题教育课堂为主要内容和活动载体，通过观光览胜、

---

① http://www.LZSSWHJY.com

场景还原、参与体验、精神教育和学习探讨等寓教于乐或青少年喜闻乐见的形式,主要以现场教学、体验教学、专家讲座、音乐教学、音像教学为主的丰富多彩的课程设置形式,让中小学生在行走中阅读历史,在体验中感受精神,在快乐中完成教育。从而达到提升学生认识自然、认识社会的能力,培养学生的社会责任意识和勇于创新的精神,提升学生社会实践的能力等研学目的。

(三)建立专业的研学教师团队

基地研学师资除本地红旗渠精神讲师团队外,充分融合中央党校和各省、市委党校及各行业的杰出专家学者,为全国各地机关、企事业单位量身定制各类教育培训课程。

(四)提供完善的教学场所及实践基地

红旗渠精神教育培训、研学旅行基地拥有5个专门教学培训场所和7个教学实践基地。

1. 教学培训场所

学员学习讨论室(见案例图1-1)。

案例图 1-1　学员学习会议室

2. 实践基地

(1)红旗渠纪念馆(见案例图1-2)。

1965年4月5日红旗渠总干渠通水仪式在红旗渠纪念馆隆重举行。2014年5月1日,红旗渠通水50周年之际,红旗渠纪念馆新馆落成开馆。展馆以红色为基础,造型似灵动的渠水。展厅由"序厅""旱魔""奇迹""丰碑""梦想""精神"六部分组成,用2000多件珍贵文物和雕塑、绘画、灯光、多媒体、4D动感、智能触摸等现代艺术表现形式和手段,立体再现了当年10万大军战太行的震撼场景。

红旗渠纪念馆不仅是收藏、研究、展示、传承红旗渠历史的一座展馆,更重要的是其反

案例图 1-2　红旗渠纪念馆

映了林州的发展历史,是学员感悟"自力更生、艰苦创业"的红旗渠精神的一个窗口。

(2)分水闸(见案例图 1-3)。

案例图 1-3　分水闸

红旗渠总干渠在此分为三条干渠,依山远行,深入林州腹地,润泽着林州 54 万亩良田。闸房上空高擎郭沫若亲题"红旗渠"三个大字,是红旗渠的标志性建筑之一。与红旗渠纪念馆一起构成虚实结合的景观群落,呈现出现代与古朴兼而得之的风貌。

(3)"扁担精神"纪念馆(见案例图 1-4)。

"扁担精神"纪念馆共分为 6 个部分:一根扁担创家业;一分一厘细打算;一心为着山里人;一心一意谋发展;"扁担精神"在林州;亲切关怀。纪念馆共展出各类图片 480 张,实物 160 件,实景 6 个,展现了该社干部职工 60 多年如一日,一心一意,为山区人民服务的感人事迹,再现了"艰苦创业、勤俭办社、一心为民、开拓创新"的"扁担精神"和二次创业取得的

案例图 1-4 "扁担精神"纪念馆

辉煌成果。"扁担精神"和红旗渠精神一脉相承,都是林州人民宝贵的精神财富。

(4)青年洞——全国廉政教育基地(见案例图 1-5)。

案例图 1-5 青年洞

青年洞是红旗渠总干渠上的咽喉工程。因该工程施工由总指挥部共青团组织分工负责,凿洞民工由青年组成,故取名为"青年洞"。1961 年 7 月 15 日,经过 17 个月的英勇奋战,300 多名青年终于征服了这一天险。1973 年,全国人大常委会副委员长郭沫若亲自题写了洞名。洞口刻有李先念、江泽民题词。2013 年 9 月在青年洞北部 3300 米入口处搭建了 350 米的廊桥——"红飘带"。"红飘带"至青年洞沿途设置了"凌空除险""铁姑娘打钎"表演,真实再现了当年修渠场景。

(5) 团结洞(见案例图1-6)。

案例图1-6　团结洞

团结洞地处林州市最南部的临淇公社属于红旗渠非受益地区,为了修建红旗渠,临淇公社的民工舍小家为大家,承担起凿通团结洞的任务。该隧洞长26米、高5米、宽6.3米。临淇公社民工不怕挫折、团结一致、艰苦奋斗,团结之花结出了"团结洞"之果实。

(6) 重走为民路。

为民路全长大约7千米,道路崎岖。在中华人民共和国成立前,这里是石板岩乡通往林县县城的唯一通道,四周群山环抱,抬头是悬崖峭壁,举步是羊肠小道,自然条件十分恶劣,人民生活苦不堪言。中华人民共和国成立后,在党的领导下,石板岩乡共产党员带领群众,每天肩挑背扛,在高耸崎岖的太行山上挑出了一条为民之路。为民路教学点是体验式教学,通过学员挑担背筐重走为民路,感受当年供销人送货的艰辛,深切体会"扁担精神",增强为民服务意识。

三、课程设置

(一) 主题课程

1. 专题讲座

由党校教师、红旗渠亲历者等专业讲师开展六门专题讲座——《红旗渠精神及其时代价值》《使命呼唤担当,榜样引领时代——杨贵与红旗渠》《弘扬红旗渠精神,助力乡村振兴》《弘扬红旗渠精神,做合格共产党员》《正风肃纪　持之以恒》《从红旗渠到中国梦》。

2. 影像教学

观看纪录片《红旗渠》,话剧《红旗渠》《红旗渠的守望者》。

3. 现场教学

参观红旗渠分水枢纽工程——分水苑,全方位了解红旗渠历史。

参观红旗渠咽喉工程——青年洞，走千里长渠，近距离感受红旗渠，在岌岌绝望之间感受心灵的震撼。

参观扁担精神纪念馆，体会一心为民、绕山转的服务精神，在蜿蜒的山路领悟精神的动力。

参观谷文昌故居，体会"四有"书记：心中有党、心中有民、心中有责、心中有戒的领导风范。

生态考察：走富民路、太行天路，从太行之谷到太行之巅感悟林州发展的第四部曲"美太行"的壮丽篇章。

4. 体验教学

打"开山锤"、推"民工车"、吃"民工饭"、走"水长城"。

5. 实践教学

重走"扁担精神"——为民路、桃花洞村——富民路（太行大峡谷景区内）、调研全国先进基层党组织党建示范点——冯家口村，与村党支部书记面对面座谈。

6. 延伸教学

考察殷墟、中国文字博物馆、八路军129师纪念馆、焦裕禄纪念馆、西柏坡等。

（二）研学课程线路

设计出二到五日推荐课程以及特色研学旅行课程。不同时长的研学课程体系来满足多样的需求，并形成成熟的教学计划推送在"红旗渠精神教育培训/研学旅行"网站，方便选择。同时，"红旗渠精神教育培训/研学旅行基地"拥有专业的设计团队，可根据研学单位的时间和要求专门定制课程。

 红旗渠研学旅行推荐课程及研学游方案

案例二
东方绿舟
——素质教育扬帆起航[①]

一、基本情况

上海市青少年校外活动营地——东方绿舟（见案例图2-1）是市教委直属事业单位，位于青浦区西南，淀山湖畔，于2001年建成，2002年起运行，总占地面积5600亩。东方绿舟是上海市落实科教兴国战略和大力推进素质教育的一项标志性工程，是上海最大的校外教育场所。

案例图2-1　东方绿舟航拍图
（图片来源：东方绿舟官网）

园内有17万平方米四季常青的草坪，11万棵大树，500余种花卉树木，拥有智慧大道、航空母舰、湖滨广场、渔人码头、求知岛、月亮湾、地球村等精品景点和户外攀岩、趣桥体验、野营烧烤、水上运动、拓展训练、科学探索、素质测试等30余项活动项目，形成智慧大道区、勇敢智慧区、国防教育区、生存挑战区、科学探索区、水上运动区、体育训练区、生活实践区

---

① 资料来源：东方绿舟官网整理。

共八大园区。

园区每年接待国内外的学生及游客100余万人次,其中约8万名为素质教育学生,约35万人次军训,约10多万人次冬夏令营和70~80万人次市场游客等。常规国防教育覆盖了上海市全部高中、中专职校一年级,小学生春秋游活动主要来自上海本地及周边。承办2015年、2016年两届全国学生军事训练营,来自全国32个省市的大学生、高中生集合在东方绿舟开展军训营,大力推进学生军事训练创新发展。

东方绿舟营地紧紧围绕校外素质教育和社会服务两大中心职能,形成了"国防教育、公共安全、国际修学、拓展培训、环保科普"五大教育品牌。营地定位以青少年德育教育为中心,以立德树人为宗旨,以社会主义核心价值观和中华优秀传统文化教育为重点,以国防安全教育、公共安全教育、拓展教育为载体,融德育于技能教育、文体活动,打造市级青少年校外活动营地、国家示范营地、中国国际青少年活动中心。

经过10多年的运行,在国防教育、国际修学、拓展培训、公共安全、环保科普、民族文化教育以及社会公益等系列领域活动中,取得了较好的成绩。营地把国防安全教育"做到极致",把公共安全教育"做成示范",把拓展教育"做出特色",逐步形成了以"自主、合作、体验、互动、实践、创新"的校外教育模式,开创了校外教育的新天地。营地的建设发展受到社会各界的广泛关注,党和国家领导人曾多次亲临视察并给予高度评价。营地荣获"全国未成年人思想道德教育工作先进单位""全国实施妇女儿童发展纲要先进单位"等国家级荣誉17项,5次荣获"上海文明单位",获"上海平安单位""上海市级机关先进基层党组织"等上海市级荣誉11项;并成为全国最大的青少年校外活动营地、国家环保科普教育基地、上海国防教育中心、上海市学生社会实践基地、上海国际修学旅游中心、国家AAAA级景点、全国生态旅游示范区、全国知名品牌示范区、中国体育旅游十佳精品景区、上海体验式拓展训练中心。

二、主要做法

(一)完善的组织架构

东方绿舟隶属于上海市教育委员会,实行理事会领导下的总经理负责制管理模式。理事会的理事长由市教委领导兼任,并委派副理事长一人常驻营地负责日常行政管理工作,理事会理事由参与营地建设的社会各界代表参加。营地的重大问题由理事会讨论决策。东方绿舟的经营管理由教委委托东方明珠集团股份有限公司负责,派出以总经理为首的一支具有经营管理经验的精干队伍,实施企业文化管理。实施这种管理体制的目的是既要体现政府职能部门的主导作用,又要实现企业化管理,使教育理念和经营理念相结合,在力求社会效益最大化的同时,确保经济效益的增长。

目前,营地成立八大部门进行运营管理,分别是:党政办公室、教务管理部、后勤保障部、安全保卫部、国际交流与教育研发部、国防教育教学部、研学实践教学部、公共安全实训教学部。

(二)专业的研学教师团队

营地共有教务科研部、国防教育教学部、公共安全教学部、拓展教育教学部四个教学主体部门，共有教师教官150余人，另有教学辅助、后勤保障、安全防护等350人，教学人员本科以上学历超过92%，中、高级职称占比超过40%。师资队伍的专业构成主要为体育教育、休闲体育、教育管理、旅游管理、国防科技和部分人文学科与理工科类，师资队伍中已有30位取得科普教育基地讲解员资格，为营地多元化教育课程的开发设计与实施奠定了较强的专业能力基础。营地师资队伍多元化组成，除了教师，教官队伍多来自"三军仪仗队""国旗护卫队""南京路上好八连"等在全军有着优良传统的部队。

通过多年的队伍建设，东方绿舟涌现出了一批优秀教师和优秀教官，其中有5人获得了上海市园丁奖荣誉称号。教科研活动成绩突出，科研成果获得华东地区校外教育课程设计一等奖，华东地区校外教育论文评选一等奖23篇、二等奖45篇、三等奖56篇，以及上海市校外教育论文评选一等奖26篇、二等奖43篇、三等奖55篇等成果。营地注重教学成果积累，编辑形成《东方绿舟优秀论文汇编》《东方绿舟课程方案集锦》《国防教育教官培训基础教材》《高中学生军事理论与技能读本》《拓展活动方案集》等论文方案集锦。

（三）多样的组织形式

东方绿舟开展各类校外教育活动，逐步形成了以政府委托、学校自主、社会参与等组织形式。

政府委托的组织形式主要分为三个方面。一是，由市教委统一指定全市高中、中专职校一年级，到东方绿舟完成五天四夜国防教育。二是，教育主管部门每年委托组织青少年大型活动，如全国学生军事训练营、大学生军事技能专项展示、上海市学生模型节、跑进最美校园、全国消防夏令营等。三是，东方绿舟作为首批市级学生社会实践基地，为青少年结合国防教育、科普基地等设置长期志愿服务岗位。

学校自主的组织形式主要由各学校自行组织到东方绿舟开展春秋游、仪式教育、素质拓展等活动，活动经费一般由学校承担。

社会参与一般是通过市场运营的形式，组织冬夏令营、国际修学、家庭亲子等活动，活动经费由参与者自行承担。

（四）丰富的教学形式

东方绿舟开展各类校外教育活动，形成了理论讲解、体验互动、实践参与、文艺展演、主题展览、庆典仪式等丰富的教育教学形式。每年组织资深教官、邀请知名学者来营地开展军事、国防、文化修养等各方面的理论教学。所有课程，要求学生亲自体验、教学互动、实践探索、主动参与。每周组织一场由各个参训学校参加的文艺大汇演，每年安排专业演出团队，结合形势教育，为学生们奉上几十场精彩的演出。另外，每年结合形势教育，开设主题展览。东方绿舟与团市委、文明办等单位共同连续开展了十多届的上海市学生18岁成人仪式，每年有2000多名高三学生在活动中通过成人礼、戴成人帽跨入十八岁。

（五）特色教学场所及实践基地

1. 公共安全实训馆

实训馆设置七大馆，如案例图2-2所示，分别为日常生活安全实训馆、道路交通安全实训馆、轨道交通安全实训馆、消防安全实训馆、防空安全实训馆、气象灾害实训馆、地震灾害实训馆,各馆依据我国安全法律法规设计,配备体验前教育室、视频教学设备、实景操练及模拟设备等设施。目前主要承担上海市公共安全教育实训基地的运营管理和实训教学工作。具体任务是有计划地接待本市青少年学生进入实训基地开展公共安全实训教育;立足本市,面向国内外,探索开展适合青少年健康成长的公共安全教育实践和研究活动,为中外青少年学生活动提供场地和教育条件;推动上海公共安全教育实训成为公共安全示范基地,公共安全教育智库,公共安全国际交流平台。

2. 国防安全实践场所及设备

(1) 仿真航空母舰。

东方绿舟营地里停泊着一艘巨大的"航空母舰"。这艘"航母"舰身长 220 米、宽 48 米、高 46 米,按 1∶1 比例仿造美国海军"尼米兹"级航空母舰而成,与原型航母拥有完全相同的跑道和驾驶台。航母内有兵器博览馆、国家安全教育馆等大型展馆,还有 4D 影院、模拟枪射击打靶等活动项目。

(2) 潜水艇。

曾服役于海军东海舰队的 33 型潜艇 280 艇被誉为"深海幽灵""航母克星"(见案例图 2-3)。深入到潜水艇心脏,参观者既能了解内部构造,又能体验水兵的战斗与生活环境,感受水兵展示献身国防的爱国主义精神,激发对军人的敬佩和献身国防的意识。

(3) 国家安全教育馆。

国家安全教育馆是目前国内规模最大的国家安全教育基地。展馆主要由"序厅""辉煌的业绩""新中国的卫士""共筑新长城""放眼看世界""尾厅"六个部分组成,全面展示了中国共产党隐蔽战线为维护国家的安全和荣誉所进行的艰苦卓绝的斗争。通过参观学习,主要让学生知道什么是国家安全及维护国家安全的重要性;了解隐蔽战线历史,激发学生爱国主义情怀;树立学生国家安全人人有责的思想。

此外,东方绿舟作为一个典型的素质教育基地,在功能上全部按照国防教育的设置要求,安放飞机、火炮、坦克、步兵战车等设施设备。

3. 拓展训练场所

拓展区内设有徒手营救、穿越电网、信任背摔、空中跨越、巨人梯等低高空项目 34 个,如案例图 2-4 所示,可为参加素质教育的学生和各类企事业单位提供不同难度的拓展培训。营地也有自己专职的拓展训练师队伍和良好的训练场地,并建立了"体验式拓展训练中心"。

野外训练实践活动场所,可以进行搭建帐篷、野营野炊、站岗巡逻、模拟救护等项目,使学生增长野外生存知识、锻炼自理自立能力。

4. 环保科普场所

(1) 地球村。

地球村由 27 栋风格迥异的世界各国民居及卡通建筑组成,可供 3000 人同时入住。走进地球村,就像一本"世界建筑词典",住在这里可以领略到世界各国建筑的韵味。这里是充满温馨的学生家园,也是展现当代青少年"自理、自立、自强"风貌的大舞台,有利于来此参加素质教育的学生通过吃、住、行锻炼自己,培养学生"合作、自主、创新"的精神。

(2) 智慧大道。

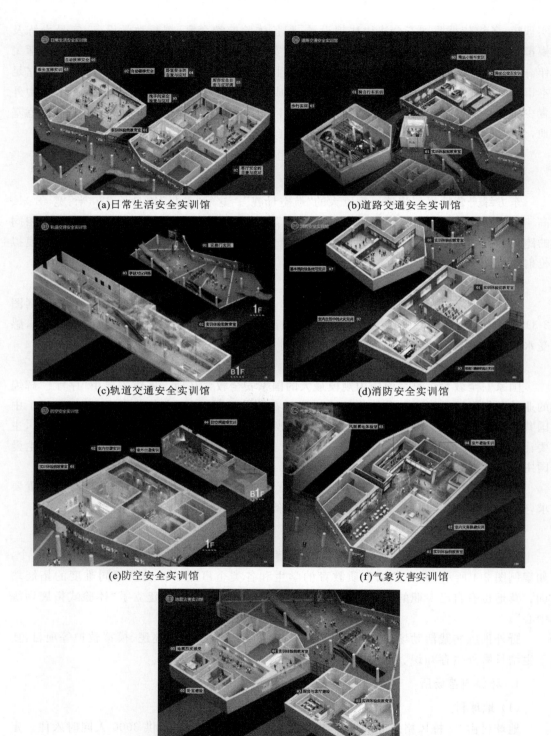

案例图 2-2　七大公共安全实训馆

案例图 2-3　航空母舰及潜水艇

案例图 2-4　拓展训练场景

智慧大道是一条长 700 米、宽 25 米，集艺术性、思想性、知识性为一体的景观道路。在大道的两侧屹立着 160 多位对人类文明作出杰出贡献的中外科学家、思想家塑像。

（3）求知岛。

求知岛是以植物知识为主要传授内容的小岛，岛上种植了数十种罕见的植物，还可以在岛上环顾湖光山色。

5．其他实训场所

绿舟剧场气势宏大、功能齐全，里面可以同时容纳 3000 多人。前来东方绿舟参加素质教育的学生可以在这里观看爱国主义影片、欣赏中国传统文化、聆听培训讲座，开展自编自演的文艺演出等相关活动。剧场内完善的设施也吸引了许多企事业单位来此开展各种会务活动。

（六）成熟的教育及管理制度规范

基地为保障研学中学习的规范、安全、正常，制定了一系列完整流程的教学及运营管理的制度规范文件（见案例表 2-1）。

案例表2-1 东方绿舟教学及运营管理制度

类型	具体文件
研学流程文件	《入营仪式程序》《结营仪式程序》《素质教育活动仪式程序》
校方相关文件	《入营准备要求(校方)》《素质教育活动联系表》《东方绿舟学生军训费用减免申请表》《学校带队教师工作职责》
学生自主管理文件	《学生自主管理委员会前期联络表》《学生自主管理委员会前期培训资料》
学生行为规范文件	《东方绿舟学生环保行为规范》《营风营纪》
学生优秀奖励文件	《"优秀营员"评选条件和方法(适用五天活动)》《关于评选国防教育活动先进连队的若干意见》《关于军训学生创建"文明寝室"活动的组织实施方案及创建文明寝室评分标准》

(资料来源:东方绿舟官网。)

三、课程设置

(一) 主题课程

东方绿舟营地紧紧围绕校外教育中心职能,形成了"国防教育、公共安全、国际修学、拓展培训、环保科普"五大教育品牌,不断丰富教育资源和课程体系,共开设160余项实践活动(见案例表2-2)。

案例表2-2 课程体系表

课程大类	课程模块	具体课程
国防教育	参观学习课程	重型兵器博览课程、轻型兵器博览课程、兵器发展博览课程、航空博览课程、海军博览课程、"寻建军之源,仰将士之光"主题展览课程、军营文化教育课程、国家安全教育课程
国防教育	操作体验课程	轻武器解析课程、65式82无坐力炮操作课程、65式双37毫米高射炮课程、54式122毫米榴弹炮操作课程、85加农炮教学课程、手榴弹投掷训练课程、95式自动步枪分解结合课程、81-1式自动步枪分解结合课程
公共安全教育	实训课程类	日常生活安全实训、道路交通安全实训、轨道交通安全实训、消防安全实训、防空安全实训、气象灾害实训、地震灾害实训、紧急救护实训
素质拓展	野外生存类	烧制竹筒饭课程、荒野求生课程、48小时野外生存训练课程
素质拓展	民防救护类	创伤救护课程、穿越险境课程、紧急逃生训练课程、民防体验课程
环保科普		亲子自然课堂课程、气象观测课程、天文观测课程、植物识别课程

续表

课程大类	课程模块	具体课程
国际修学		寻根之旅——古镇探秘课程、漫游地球村课程、运动行·体验竞技快乐课程
爱国主义教育		爱国主义教育课
仪式课程		入队仪式课程、入团仪式课程

（资料来源：东方绿舟官网。）

（二）研学旅行线路

东方绿舟营地积极整合包括学校、社区、文化教育机构等的校外活动资源，结合上海市及各地区资源，设计出上海版和全国版研学旅行线路两大类，以优秀传统文化、革命传统教育、国情教育、国防科工、自然生态五大主题开展，每条线路又依据不同学段，不同天数设计出不同主题的研学旅行线路。

  东方绿舟研学实践线路及营地介绍

案例三
黄山风景区
——研学旅行走进名山大川

从理论角度来说,研学旅行是一种以课程为中心的旅行方式;从实践角度而言,研学旅行是一种以求知为目的的综合活动。黄山风景区是我国著名的观赏性旅游风景区,自然风景优美,人文底蕴深厚。自2016年黄山市入选首批"中国研学旅游目的地"以来,黄山市大力发展研学旅行,积极与省内外城市展开合作,花山谜窟景区、黄山景区、宏村等地依托景区独特文化景观资源,突破传统旅游项目运营思路,适时推出吸引学生春游及科普教育的活动措施,打造大量特色研学旅游项目板块。在近几年国家研学相关政策支持下,黄山通过扩大合作伙伴、培养导师团队、提升基础设施,品牌效应不断扩大。

一、基本情况

(一)黄山风景区历史溯源

黄山是世界文化与自然双重遗产、世界地质公园、国家AAAAA级旅游景区、国家级风景名胜区、全国文明风景旅游区示范点,素有"中华十大名山""天下第一奇山"美誉。黄山原名"黟山",因峰岩青黑,遥望苍黛而名。后因传说轩辕黄帝曾在此炼丹,故改名"黄山"。秦汉时期,有文字记载隐居黄山者,唯有会稽太守陈业"洁身清行,遁迹此山"。直至唐宋,黄山渐为世人所识,山上寺庙宫观日渐增多。1606年,普门禅师来山,创建法海禅院,受敕扩建为"护国慈光寺"。普门在歙人潘之恒等人的帮助下,披荆斩棘,开山修路,初步形成四条简易登山盘道,使以翠微寺、祥符寺、慈光寺和掷钵禅院"四大丛林"为中心的景区建设初具规模。这是黄山寺庙香火最为鼎盛的时期。明朝旅行家徐霞客登临黄山时赞叹:"薄海内外之名山,无如徽之黄山。登黄山,天下无山,观止矣!"此赞被后人引申为"五岳归来不看山,黄山归来不看岳"。入清以后,步道和房屋以整修为主。至民末清初,不少寺宇因香火不济、年久失修而毁。

1979年10月,安徽省黄山管理局成立,黄山正式对外开放。1980年5月,安徽省人民政府成立黄山规划领导小组,次年正式委托清华大学建筑系编制《黄山风景名胜区总体规划》。在三十多年间,各类景点实现了较大提升。

（二）黄山风景及文化资源

黄山自然风景资源神奇隽秀，以奇松、怪石、云海、温泉、冬雪"五绝"闻名于世。第一绝是奇松——黄山松。黄山松是黄山自然景观的重要组成部分，它是由黄山独特地貌、气候而形成的中国松树的一种变体，一般生长在海拔800米以上的地方，针叶短而稠密，树冠平整，有较强的趋光向阳性，生命力非常旺盛。其中最具代表性的是迎客松。迎客松居黄山奇松之首，寿逾千年，姿态苍劲，两大侧枝横空斜出，好像伸开两臂，迎接远道而来的客人，向五湖四海的宾朋致意，她是中国人民热情好客的象征。第二绝是怪石。黄山怪石，以奇取胜，被誉为"天然巧石博物馆"，有名可数的达200多处，形态各异，妙不可言，不少怪石广为人知，如飞来石、猴子观海、梦笔生花、仙人晒靴、童子拜观音等。第三绝是云海。"黄山自古云成海"。雨过初晴，云雾弥漫山谷，形成云海，瞬息万变，气象万千，与黄山的奇松、峰林、巧石共同组成了一幅幅美丽神奇的画卷。清代康熙皇帝就曾为黄山题写过"黄海仙都"的匾额，因此黄山又有"黄海"的别称。第四绝是温泉。黄山温泉，品位超群，水温常年在42℃左右，可饮可浴，而且有保健作用。山中一夜雨，处处挂飞泉。黄山沟壑纵横，水景众多，以人字瀑、百丈泉、九龙瀑最为壮观。黄山又被誉为"天然氧吧"，飞瀑流泉产生的负氧离子，密度稳定在每立方厘米2万个以上，有的景点高达5万到7万个。第五绝是冬雪。黄山四季皆胜景，唯有腊冬景更佳。每到严冬，五百里黄山到处银妆素裹，冰雕玉砌，置身其间，仿佛身处扑朔迷离的童话世界。

黄山文化旅游资源博大精深，可以用"五胜"概括，即历史遗存、书画、文学、传说、名人五种文化形态。黄山有着大量的历史文化遗存，如古蹬道、古楹联、古桥、古亭、古寺、古塔等，享誉海内外的黄山历代摩崖石刻，现存的有300多处。

（三）黄山旅游与研学发展

黄山风景区素有盛名。1982年被国务院列为首批国家级重点风景名胜区，1986年经评选列入中国十大风景名胜区，1990年被联合国教科文组织列入"世界遗产"名录，1992年被建设部授予"全国先进风景名胜区"称号，1998年被中国教科文组织全国委员会授予"世界遗产保护先进单位"称号，1998年被联合国教科文组织中国委员会、国家文物局、国家建设部评为"世界遗产保护管理先进单位"，1998年被中央文明办、建设部、国家旅游局授予"全国文明风景旅游区示范点"称号等。1999年11月获联合国教科文组织颁发的"梅利娜·迈尔库里世界文化景观保护与管理国际荣誉奖"；2000年12月通过国家旅游局5A级旅游景区(点)质量等级评定，同年又被建设部授予"全国风景名胜区先进单位"；2001年12月被国土资源部正式命名为"国家地质公园"；2004年2月以总分第一的成绩被联合国教科文组织命名为"世界地质公园"；2007年5月黄山风景区荣膺首批国家5A级旅游风景区。2017年9月获"全国社会治安综合治理先进集体"荣誉，首次被授予"长安杯"。2017年12月入选教育部第一批全国中小学生研学实践教育基地、营地名单。黄山风景区的研学旅行从狭义上指黄山主景区内的相关项目，广义上则指目前已经扩展至黄山市辖所有景区的研学营地与基地。本案例中的黄山研学旅行课程为广义上的黄山研学旅行。

二、研学建设现状

（一）研学旅行经验丰富

《关于推进中小学生研学旅行的意见》要求各中小学要结合当地实际，把研学旅行纳入学校教育教学计划，与综合实践活动课程统筹考虑，促进研学旅行和学校课程有机融合。黄山举办研学旅行，不仅是贯彻国务院和省政府的相关文件精神，深入挖掘黄山风景区自然、文化遗产及世界地质公园等优质资源，同时也是为了进一步增进学生对自然和社会的认识，培养其社会责任感和实践能力。在开展研学旅行的过程中，黄山不断丰富国际研学旅游节的内涵，创新开展各项研学旅行，大力促进黄山文化品牌的传播，为持续打造中国最佳研学旅游目的地助力添彩。

黄山研学经验丰富，较早开展研学旅行的理论研究和实践探索，积累了丰富的经验，目前已与国内众多高校开展广泛合作，建立了教学研究实践基地，在研学领域积极探索并尝试，积累了丰富的教学经验。如与黄山学院合作，深挖研学产品；与途乐旅行社携手，拓展武汉研学市场等。黄山风景区认真贯彻落实相关政策，大力加强研学旅游基地建设，率先于 2017 年 5 月 19 日举办了首届国际研学旅游节，截至 2019 年 8 月已经连续举办了三届，每届均邀请来自北京、湖北、安徽等地的几十家研学机构代表、多家主流媒体以及相关研学旅行团参加活动，反响良好，基本上形成了黄山研学的常规性大型交流机制。为全力保障研学的推行，黄山市于 2019 年 1 月 18 日成立了黄山市研学旅行协会，助力研学旅行市场的规范有序发展。协会公布了行业需共同遵守的相关研学要求，旨在推动研学旅行改革发展、转型升级、提质增效。

此外，黄山风景区各方面为研学旅行特别制定了多类文件与实施意见，全力保障研学的安全、进程及效果。如黄山旅游发展股份有限公司为配合研学，连续两年实施针对研学团队、学生及教师实行票务、住宿、餐饮优惠及索道优先乘坐等优待政策。2017 年黄山市旅游委员会印发的《黄山市研学旅游示范点评定基本条件》通知中，对辖区内研学旅行示范点进行严格评审与监督管理。2018 年黄山风景区管委会发布实施《黄山风景区旅游文明行为记录管理办法》，以"红黑榜"的形式记录和管理游客的旅游行为，进一步强化了旅游的教育价值与意义，为研学旅游做好了外围环境保障。2019 年 7 月，黄山市文化和旅游局下发《关于〈黄山市研学旅行规范管理暂行办法〉征求意见的函》，制定了较为详细的研学旅行管理规范。

（二）研学旅行特色鲜明

黄山在地质、生物、气象、文化等方面拥有丰富的研学资源，是开展自然景观鉴赏教育、生态文明教育和自然科学教育的理想场所。

首先，研学资源富有特色。黄山不仅有极其优越的自然旅游资源，还拥有丰厚的文化旅游资源以及独特的生态资源，具有发展研学旅行的独特优势。2017 年，黄山市入选首批 10 个"中国研学旅游目的地"城市，黄山风景区、杨业功纪念馆和呈坎景区成为全国中小学生研学实践教育基地。2018 年，黄山多条研学旅游线路入选"研修安徽"十佳精品路线。

10条研修旅行精品线路分别是:诗说安徽、道源问道、科技密码、寻梦徽州、地质秘语、皖江踏歌、别有皖味、康养之道、艺术百工、寻忆峥嵘。

其次,研学主题特色鲜明。黄山是中国大好河山的经典代表,是中华民族的重要象征。独特的自然、地理与文化条件,给予黄山多角度、全方位开展特色研学的坚实保障。如以"中国梦、爱国情"为主题的"天然课堂",以"发现美、体验美、传播美"为主题的影视平台展示,以"望得见青山、看得见绿水、留得住乡愁"为精神依托的人文塑造等。多层次、多维度地开发黄山的研学资源,打造特色研学品牌,是黄山研学的开发方向。黄山研学有拥抱自然的发现之旅、徽州文化的探寻之旅、民俗风情的体验之旅、乡村旅游的回归之旅等特色主题。

(三)研学课程齐备优良

首先,基本建成复合型研学课程体系。黄山研学课程众多,拥有地质、生态、历史、人文等多种研学主题,适合不同阶段的学生前来开展教学实践。黄山研学横向延展性资源丰富。黄山不是一个独立的景区,在黄山周围有丰富的次生研学资源,并且大多已经打造成颇有特色的研学基地,如南屏的国学启蒙、徽雕糕、绘伞等研学课程;宏村的水系探究、徽州木雕、七彩宏村设计师等研学课程;黄山的地质探究课程;徽商故里的研学宴等系列徽州文化研学课程。此外黄山研学课程从纵向上看,目前的建设也十分丰富,有历史、文化、建筑、水文、手工、探秘等多种多样的内容与形式。目前已有的研学课程建设现状表明,基本上已经形成以黄山为中心的复合型研学旅行体系。

其次,拥有一支优良的师资队伍。黄山研学师资队伍建设稳步推进,成效显著。黄山景区联合黄山市导游协会专门培训了一支高素质的研学旅行讲解员队伍,进一步提高黄山风景区研学旅行专业化水平。在黄山首届国际研学旅游节上,特聘张脉贤、王文龙(中国香港)、桂剑锋、李维、程乐萍、周流俊、汪根华、舒少菲、谢俊彦、胡淑华和曹微平等业内专家为首批研学旅行导师。黄山的研学教师团队除了导师外,还注重培养有专业特色的研学师资队伍。黄山地质博物馆专业讲解人员定期举行相关培训;花山谜窟景区研学旅游发展培训会特邀地质队的专业老师对营销及客服中心工作人员进行专业培训;景区的全国模范导游员、全国高级导游员长期担任景区的专业讲解培训与导游词撰写等工作;此外还设有专业性很强的一线工作人员研学讲师,如迎客松守松人、环卫工人等。

最后,拥有独特而雄厚的科研基础。黄山科研工作可追溯到19世纪下半叶,德国的地质学家李希霍芬曾三次深入黄山调查;20世纪20年代,我国地质学家李毓尧、李捷、朱森、许杰、李四光,植物学家钟观兴等对皖南及黄山地区进行科学考察;地理学研究首推地理学家、旅行家徐霞客;系统研究为费师孟(1936年)。对黄山进行大规模多学科的研究是在中华人民共和国成立之后,中科院、地科院、南京大学、中国科技大学、安徽地矿局等一批科研教育、生产单位在该区做了大量工作,取得了一批研究成果。黄山地质公园已成为国内外重要的教学科研基地。这些科研成果和研究经历,为研学旅行教学打下了坚实的理论基础。

(四)基地建设完善科学

黄山早在几年前就已成为复合型研学旅游目的地,研学旅行教学与实践基地基础设施良好,依赖天然条件建有地质公园博物馆、黄山艺术展示中心以及黄山风景区各管理区相应的室外场地。为提升研学旅行落地服务水平,黄山风景区近年又专门在景区北大门设立了独立的研学基地。其他的研学基地早在 2012 年开始陆续建设和改造,经过多年的摸索和建设,各级各类研学教学与实践基地均建成,而且设施设备完善,体系设置与相关布局科学合理。如宏村、南屏、屯溪、花山谜窟等研学基地已经建成了理论教学、观摩学习、实践活动相结合的各种配套设施;实践教学使用的各种手工材料,竹篾、石料、木料、伞、沙盘等,学生实践所需的工具如毛笔、纸张、刻刀等一应俱全;宏村为让学员完成古村的航拍,配置了无人机等先进的科技产品;南屏研学的服装、古钟、古色古香的学堂摆设、印染器具、印染原料等琳琅满目,应有尽有。此外,黄山市文化和旅游局公布了 2019 年新增的研学旅行基地(见案例表 3-1)。

案例表 3-1 研学黄山市中小学研学旅行基地名单(新增 11 家)

序号	单位名称	所属类别
1	黄山市城市展示馆	优秀传统文化类、国情教育类、综合实践类
2	黄山市胡兴堂文化发展有限公司徽州糕饼博物馆	优秀传统文化类
3	黄山市东黄山旅游度假区有限公司	国情教育类、自然生态类
4	黄山丰大国际大酒店有限责任公司	优秀传统文化类、自然生态类
5	黄山市徽派雕刻博物馆	优秀传统文化类、综合实践类
6	黄山慎裕堂茶文化有限公司	优秀传统文化类、综合实践类
7	安徽新华发行集团黄山华迅教育咨询责任有限公司	优秀传统文化类、自然生态类、综合实践类
8	黄山市歙县聚墨堂墨业有限公司	优秀传统文化类、综合实践类
9	黄山松萝茶文化博览园有限公司	综合实践类
10	祁门县平里特色小镇	优秀传统文化类、自然生态类、综合实践类
11	休宁县万安吴鲁衡罗经老店有限公司	优秀传统文化类
12☆	黄山京黟旅游开发有限公司(南屏景区)	综合实践类
13☆	黄山徽字号雕刻文化有限公司	优秀传统文化类

备注:☆两家已经列入《2019 黄山市旅游营销政策》中"市级研学旅游示范点名单"。

三、课程设置现状

(一)理论教学

1. 特色专题讲座

为紧跟旅游业发展趋势,积极拓展研学旅行市场,黄山风景区积极编撰研学课件,打造研学专题讲座。黄山风景区有"黄山七课",涵盖语文、地质、历史、生物、美术、体育、摄影七个学习专题;宏村有徽派建筑专题、徽商文化、徽派建筑等专题;南屏有蒙学、制伞、草木染等专题讲座;花山谜窟有石窟地质、迷窟之谜、凿痕文化等专题讲座。

2. 电子声像教学

黄山风景区游客中心循环播放黄山风景片及宣传片,最为著名的是 2008 年 11 月黄山地质博物馆新馆建成并对外开放。该馆注重"室内与室外、人工与自然、地质与文化、科普与旅游、声光电与图文、高科技与原生态"六个结合,以先进的声、光、电为展示平台,以普及黄山地学知识、生物知识、历史文化为目的,成为黄山世界遗产和地质公园的重要科普教育阵地。馆中各种电子声像教学设备有:4D影院、电子翻书环幕投影、下沉式互动沙盘模型、仿生互动游戏、电子地球、时空隧道等。其他研学基地电子声像教学设施较为齐全,各种新兴科技教学器具完全能够满足相应的教学要求。

3. 现场教学

黄山风景区作为自然风景类的研学典型,现场教学以观赏、参观和现场讲授、演示为主。观察黄山迎客松在不同天气、不同时间、不同角度的各种姿态,观察黄山云雾在不同时间段的千变万化,观察黄山不同山体的不同岩石状况等;博物馆内的花岗岩石雕是景区内最大、最好的花岗岩石雕,值得所有研学者认真观察与欣赏;参观宏村的古村水渠穿巷的精巧设计,参观宏村徽商的徽派建筑;参观南屏秀丽的风景,观摩传统手工艺人制伞、染布、刻石、竹篾编织等;参观花山谜窟的洞窟,观察并了解不同洞窟的设计、石料、用途等。在教学中主要采取讲授法,由研学导师、导游或民间手工艺人现场进行景观、文化与手工产品制作流程的讲解。此外,在研学实践环节主要以现场演示的方法让研学学员现学现做。

(二)实践教学

1. 体验与实践教学

黄山研学课程中编制竹篾制品、动手印染布料、地面迷宫活动中能体验运粮、手工的艰辛与乐趣;宏村水脉空中拍摄采用了先进的无人机进行航拍,体验用现代科技解读古代科技的神奇;手书写楹联与明信片等更能体验收获的成就感。

2. 延伸教学

参观黄山地质博物馆考察黄山地质历史与发展情况;参观宏村后做徽州古村镇的水系情况调研;参观黄山美景后制作摄影或文字等旅游纪念留存;大量的手工制品与摄影摄像作品均能成为传播徽州文化的媒介。

(三)研学课程推荐

黄山风景区各地借助相关的自然风景和文化底蕴,纷纷打造了既围绕黄山景区和徽州文化为核心又独具地域特色的研学课程,在研学旅行开发上注重深挖小区域的民俗、山水和建筑等各种研学资源,在研学课程内容上别出心裁,一地一风格,一城一特色。具体在操作中既可以纵向独立构成某一地的研学系列课程,而且线路众多;横向上也可以根据研学团队的需要,配合地理位置的递进,进行课程的搭配与组合。因此从整体上看,黄山风景区的研学课程是复合型结构,具备进行重组和单列多种可能,具有科学性、动态性、创新性等特点。

 黄山研学线路推荐

案例四
神农架
——动植物生态博物馆

一、基本情况

神农架是中国首个获得联合国教科文组织人与生物圈自然保护区、世界地质公园、世界遗产三大保护制度共同录入的"三冠王"名录遗产地。

神农架国家级自然保护区处于中国西部高山区向东部丘陵平原区过渡和亚热带气候向暖温带气候过渡的交叉带，特殊的地理位置、优越的自然环境和气候条件使这里的生物多样性非常丰富，保存着完整的生态系统，成为中国东、南、西、北动植物区系的荟萃地，素有"物种基因库""濒危动植物避难所"之美誉，是研究生物物种多样性、典型性以及植被自然演替规律的理想场所，极具科研和保护价值。

神农架有3767种维管束植物，已记录脊椎动物600多种，已发现昆虫4365种。其中有205个本地特有种、2个特有属和1793个中国特有种，旗舰物种神农架金丝猴数量达1300多只。

神农架在生物多样性、地带性植被类型、垂直自然带谱、生态和生物过程等方面在全球具有独特性。特别是其生物多样性，弥补了世界遗产名录中的空白。

神农架核心保护区面积约为7.4万公顷，主要生态系统类型为温带及亚寒带阔叶林或林地，山地及丘陵混合生态系统。这里有濒于灭绝的古老物种，如珙桐、铁坚杉、水青树、连香树、领春木等。这里的动物有奇特的白化现象，如白熊、白蛇、白獐、白金丝猴、白麂等20多种，目前这些动物的白化原因还是未解之谜。

神农架世界地质公园古老神秘，记载着20亿年以来地壳沧海桑田变迁的历史，保存有中元古代十分完整的层序地层——神农架群；有代表着罗迪尼亚超大陆裂解事件的辉绿岩墙；有新元古代早期冰期事件的见证——南沱冰碛岩；有分布广泛的叠层石化石群；有在长期地质作用下雕琢形成的山体地貌、构造地貌、流水地貌、岩溶地貌、冰川地貌等地质景观近200处，是典型的构造地貌生态综合型地质公园，也是长江和汉江的分水岭。

地貌景观主要有红石沟、长岩屋、红花营、神农顶、神农谷、阴峪河大峡谷、神农架群石槽河组地质奇观、大寨湾大峡谷、金丝燕洞等景观。

水文景观方面，神农架山体高大，植被茂密，是一个巨大的储水库，山间溪流密布各条沟谷、深潭、激流湍滩、瀑布展示出别样的水域风景。主要有坪堑水库、麻线坪水库、大龙潭、石槽河、九冲河、金猴岭、三连瀑等景观。

生物景观则主要有神秘的原始森林、高山草甸、箭竹林、杜鹃林、藤本植物、古树名木、名贵中药材、金丝猴、白化动物等景观。

气象景观主要有云雾、日出、佛光、冬季雪景等景观。

二、主要做法

在深化教育改革的背景下，我国自2013年开始试点推进研学旅行工作，党和政府始终高度重视中小学生的健康成长，教育问题也始终是社会的热点和焦点。怎样把无处不在、无所不包的社会资源进行整合、激活、有效转化，并有序地纳入中小学生的成长教育之中，帮助他们在相对真实、开放的教育生态中感受和体悟，将知识转化为能力，有效提升核心素养，正是现阶段教育改革要解决的重要问题。

2016年11月，教育部等11部门联合发布《关于推进中小学生研学旅行的意义》，首次将研学旅行纳入学校教育教学计划，充分肯定了研学教育的重要性与必要性，自此研学旅行全面推开，从试点走向全国。此后，陕西、福建、山东、湖北、吉林、安徽、湖南、四川、黑龙江、海南、广东、北京等省市纷纷出台配套文件细则，为研学旅行在中国的规范化发展、标准化建设、品质化推广提供政策支持。

2017年被称为中国研学旅行发展元年，2018年被称为中国研学旅行爆发之年，2019年被称为中国研学旅行收官之年。

在"湖北省研学旅行协会""湖北研学旅游联盟"等市场资源和湖北多家高职院校专业团队的共建下，建设了诸多"实践基地"、订单班，以校企双选会的模式组班，共同设置订单、学徒模式人才培养方案，对研学班同学进行研学相关知识授课和专业技能培训，并在每周安排固定课时进行校外实训，每学年安排至少两周在研学课程开发点集中实训。

除此之外，各高校还参与到研学机构，联合开发研学课程，以神农架景区生态自然、气候植被等为开发基础，以教育性、实践性、安全性为开发原则，以景区参观、研学课程、手工体验、馆园参观、馆园课程等的多样组合为主要研学形式，推出四类主题活动、六项研学课程以及两个馆本课程。

三、打造特色的主题教育旅游产品

（一）自然地理教育主题

本研学主题结合了旅游与生存教育，内容涵盖：游学、动植物认识、生存训练、体能训练、自救自护训练、团队协作训练等。本行程可让同学们在活动中沐浴阳光，在欢乐里投入学习。在夏令营里认识来自五湖四海的营员，在畅游自然美景之时，可以开阔视野，增广见闻，透过这个美妙的行程，营员还可以学会于人相处、培养独立生活的能力、增强自信，最终达到丰富人生经历及社会阅历的目标。具体主题如下。

1. 主题教育概述——大九湖

大九湖是由九条山涧小溪塑造的，一对一地提供水源，没有受任何人为因素干扰，完全是天然形成的。

从地理位置上来说，这里位于神农架的西北部，距林区人民政府所在地105千米，西南与重庆市巫溪县双阳乡及巫山县当阳乡接壤，是林区通向小三峡的必经之地，东南与林区下谷土家族自治乡、房县九道乡毗邻，自古有"一脚踏三省六县"之说，号称"巴山前哨"。平均海拔在2200—2800米，是一处典型的亚高山泥炭藓沼泽类湿地。

大九湖海拔1700米，面积36平方千米，南北长约15千米，东西宽约3千米，中间是一抹17平方千米的平川，四周高山重围，在"抬头见高山，地无三尺平"的神农架群山之中，深藏着这样的处女平地极为少见，大九湖因其享有"高山平原"的美誉，并被称为湖北的"呼伦贝尔""神农江南"。

20世纪60年代，这里还人烟稀少，没有通路，一些逃荒要饭的难民路过这里，感觉水草丰美，风景秀丽，便留了下来，但由于气候寒冷，冬长夏短，农作物很难生长，不少人又迁居他乡，于是这里又成了一片野兽出没和野鸟群聚的天堂乐土。因此依然保持着它的古朴和清纯，原汁原味。

大九湖既是木材基地，又是天然牧场。各种经济林木遍布山野，除金丝猴、华南虎等珍稀动物外，还建有人工养鹿场。大九湖自然风光怡人，古迹遗址众多，主要有洗马池、薛仁贵后裔、薛刚反周（武则天国号）的十字号、娘娘坟、卸甲套等遗址和古迹。

2. 主题教育概述——神农顶

神农顶风景区是国家级自然保护区，位于神农架南部的自然保护区内，山峰海拔均在3000米以上，堪称"华中屋脊"，总面积约883.6平方千米，是以保存完好的森林自然生态系统为背景，以生态多样性为特点，体现人与自然和谐共存主题的自然生态旅游区，是神农架重点风景名胜区之一。

3. 主题教育概述——金猴岭

金猴岭海拔3019米，面积为5平方千米。南连红岩洞，北临小龙潭，东接草坪湾，西濒长岩屋，距松香坪107千米，距九酒线约1千米。金猴岭内生长着巴山松、华山松以及猕猴等动植物。山势平缓，雨量充沛，土地肥沃，瀑布飞泻，是神农架原始森林保护较好的地方之一。被列为国家一级保护动物的金丝猴就在这里栖歇，常年吸引不少专家前来考察，使此山成为不可多得的金丝猴、白熊保护区。人们在观赏风景的同时，也有幸目睹金丝猴的真面目。

4. 主题教育概述——神农坛

神农坛祭坛内神农塑像高大雄伟，庄严肃穆，双目微闭，似乎在洞察世间万物。它以大地为身躯，头像高21米，象征中华民族在21世纪蒸蒸日上，宽35米，与它的高加起来共56米，象征着56个民族的大团结。中间草坪和两旁的墀阶具有我国皇家建筑风格。我国古代称单数为阳数，双数为阴数，"九"是阳数之首，与汉字的"久"同音，有天长地久之意，故两边墀阶全是9的倍数。每边的墀阶有243步，从下往上分解开来为9步、72步、63步、54步、45步。墀阶下面是祭坛，置有九鼎八簋和香炉，每位炎黄子孙均可在此祭拜先祖，祈求庇佑。此外，景区内有千年神树、植物活化石（珙桐）、神农药苑等自然教育素材。

（二）气候生态教育主题

神农架是位于湖北省西部一片群峰耸立的高大山地，横亘于长江、汉水之间，方圆3250平方千米，相传因上古的神农氏在此搭架上山采药而得名。景区山峰均在海拔3000米以上，堪称"华中屋脊"。是以秀绿的亚高山自然风光，多样的动植物种，人与自然和谐共存为主题的森林生态旅游区。以下介绍主题教育概述——官门山。

官门山位于湖北省神龙架林区木鱼镇，毗临神农顶和神农溪，植被丰富，雨水充足，景区内欣欣向荣、风景优美、沟壑纵横、谷幽林密，得天独厚的地理环境，孕育了神农架官门山的奇景和生命，以及人文遗迹。

官门山景区集生态、人文、科考等于一体，是神农架的生态大观园，也是湖北"一江两山"黄金旅游线上的核心景区和"鄂西生态文化旅游圈"核心板块。

官门山物种丰富，山险林奇，山水相映，环谷幽深，地质遗迹富集。最大的亮点是游客可以领略神农架"物种基因库"。神农架官门山景区虽然处于湖北的深山中，但是交通却十分便利，不仅有上山的公路，还有平坦宽阔的209国道从景区大门前经过。

官门山景区是洋洋大观神农架的缩影，内容极为丰富，有野人造型的生态大门、尽纳奇珍的分子实验室、深不可测的地下暗河、临霜傲雪的腊梅园、争奇斗艳的杜鹃园、大鲵科考观赏园以及1000多种药材的神农药园等。另外还有自然生态博物馆，涵盖地质、科考、人文、野人等内容，及震撼人心的4D影院等，资源不胜枚举。是休憩审美、科研启智、探险猎奇的理想场所。

此外，值得一提的还有官门山的娃娃鱼养殖区。大鲵隶属隐鳃鲵科，是世界上现存最大的两栖动物。它的叫声像婴儿的哭声，因此人们又叫它"娃娃鱼"。在这里，人们可以近距离接触娃娃鱼，进而了解它们的习性。

（三）植物植被教育主题

世界遗产委员会表示，神农架拥有世界上最完整的垂直自然带谱，其生物多样性弥补了世界遗产名录的空白。确实，走在神农架的山间小路，不起眼的花花草草或许是珍稀植物，或许是名贵药材，只是我们不知道而已。

1. 主题教育概述——七叶一只花

在神农架海拔800米以上的山林中生长着一种美丽的奇花，它株高40厘米以上，一般生有七片叶子，顶部开黄花，人们称它"七叶一只花"。它的根形似海螺，因此又名海螺七，是有名的中草药。经临床研究，证明七叶一只花对治疗毒蛇咬伤确有特殊疗效。

2. 主题教育概述——江边一碗水

在神农架海拔2000米左右的高山林涧，河谷旁有一种叶片形似锯齿的植物，只见一根茎杆上长着两片大叶子，就像一只手同时撑着两把雨伞。夏初开红色小花，其茎节部有一碗状凹陷，又常生长于溪沟旁，故名"江边一碗水"。这个名称在当地叫了千百年，据说是神农氏所起。

3. 主题教育概述——头顶一颗珠

在神农架海拔1000米以上的山林中有一种小草，它生有3片桃形叶片，夏天开黄色小花,秋天花落后结出一粒红色透明的小果,恰似一颗红色的宝珠,故名"头顶一颗珠"。头顶一颗珠全草可供药用,有多种疗效并有延年益寿的功能,因此又名延龄草。

4. 主题教育概述——文王一只笔

在神农架海拔800米以上的密林中,生长着一种叫蛇菰的植物。这种植物一簇簇地寄生在葛藤老根之上,呈红色,它酷似一枝枝蘸饱红色颜料的毛笔,因而称它"文王一枝笔"。文王一枝笔可清热、解毒,有活血、滋补和祛瘀的药效。

5. 主题教育概述——珙桐

珙桐,又名鸽子树,是第三纪古热带植物的孑遗树种,生长于神农架中南部海拔约1600米的沟谷阔叶林中。珙桐的花朵奇特,花序有2片白色大苞片,形如飞鸽,故有"中国鸽子树"之称,是国家一级重点保护植物,也是世界著名的观赏植物。

6. 主题教育概述——伯乐树

伯乐树为落叶乔木,又名钟萼木或山桃花,伯乐树高可达20米,树冠塔形,树皮褐色,光滑,有块状灰白斑点。叶为奇数羽状复叶,椭圆形或倒卵形,叶背粉白色,密被棕色短柔毛。芽为宽卵形,较大,芽鳞红褐色。花为大型总状花序,顶生,粉红色。伯乐树是中国特有树种、国家一级保护树种,被誉为"植物中的龙凤"。

7. 主题教育概述——红豆杉

红豆杉,又名紫杉,属于浅根植物,其主根不明显、侧根发达,是世界上公认濒临灭绝的天然珍稀抗癌植物,是经过了第四纪冰川遗留下来的古老孑遗树种。由于在自然条件下红豆杉生长速度缓慢,再生能力差,为国家一级保护植物。

(四)动物起源教育主题

神农架受北亚热带季风大气环流控制年降水量也由低到高依次分布为761.4—2500毫米不等。独特的地理环境和立体小气候,使神农架成为中国南北植物种类的过渡区域和众多动物繁衍生息的交叉地带。丰富的植物种类为动物的生存提供了充足的食物资源。据统计,各类动物有1050多种(兽类70多种,鸟类300多种,两栖类20多种,爬行类40多种,鱼类40多种,昆虫560多种),其中有70种受到国家重点保护。神农架白色动物有白雕、白獐、白猴、白鹿、白松鼠、白蛇、白乌鸦、白龟和白熊等。神农白熊,它生长在海拔1500米以上的原始森林和箭竹林中,以野果、竹笋、嫩叶为主要食物。神农白熊已被列为国家一级保护动物。

1. 主题教育概述——鹎科:黑短脚鹎

黑短脚鹎(学名:Hypsipetes leucocephalus)中型鸟类,体长22—26厘米。嘴鲜红色,脚橙红色,尾呈浅叉状。羽色有两种色型,一种通体黑色,另一种头、颈白色,其余通体黑色。野外特征极明显,容易识别。

黑短脚鹎主要生活于海拔500—1000米山林高大乔木上,并随季节变化发生垂直迁移和水平迁移现象。鸟类活跃在树冠上,到下木间活动是很罕见的现象。黑短脚鹎叫声多变不一,经常仿猫叫声。杂食性,主要以果实(如无花果等)和昆虫等为食。

黑短脚鹎分布于非洲、印度、缅甸、泰国、老挝、越南等地以及中国大陆的长江以南各省。

2. 主题教育概述——太阳鸟科:蓝喉太阳鸟

蓝喉太阳鸟(学名:Aethopyga gouldiae):小型鸟类,雄鸟体长13—16厘米,雌鸟体长9—11厘米。其嘴细长而向下弯曲,雄鸟前额至头顶、颏和喉辉呈紫蓝色,背、胸、头侧、颈侧呈朱红色,耳后和胸侧各有一紫蓝色斑,在四周朱红色衬托下甚醒目,腰、腹黄色,中央尾羽延长,紫蓝色。雌鸟上体橄榄绿色,腰黄色,喉至胸灰绿色,其余下体绿黄色。

蓝喉太阳鸟栖息于海拔1000—3500米的常绿阔叶林、沟谷季雨林和常绿、落叶混交林中。其常单独或成对活动,也见3—5只或10多只成群,彼此保持一定距离,活动在盛开花朵的树丛间或树冠层寄生植物花丛中,很少到近地面的花朵间觅食。蓝喉太阳鸟主要以花蜜为食,也吃昆虫等动物性食物。其分布于中国、印度、孟加拉国、缅甸、越南、老挝等地,冬季偶见于巴基斯坦东北部。

3. 主题教育概述——鹟科:橙翅噪鹛

白颊噪鹛是本属常见的种类,通体近褐色,腹部中央淡棕黄色,脸部具较明显的白色眉纹,雌雄相似。其常栖息于树丛或灌丛内,最喜栖居于常绿林的林缘地带,喜结小群,在繁殖季节也常见成对活动,常穿梭于荆棘和灌丛间,边跳边窜,很少静止。橙翅噪鹛鸣声尖锐急促,历久不息。其主要取食昆虫、兼食植物种子。此鸟每年要吃大量害虫,对农、林都有一定益处。亦可将其作笼鸟饲养。

4. 主题教育概述——鹟科:铜蓝鹟

铜蓝鹟是体型略大(17厘米)的浅蓝色(雄鸟)或近褐色(雌鸟)的鹟。雄鸟:上体亮丽钴蓝,眼先黑,喉及胸浅蓝,腹部灰白,尾下覆羽近白。其与铜蓝鹟的区别在于嘴较长,体羽无绿色,眼圈黄绿。雌鸟:上体灰褐,尾多棕褐色,下体灰褐,眼圈及眼先黄褐,有时上嘴基上有狭窄的暗青绿色带。亚成鸟褐色并具黑色及黄褐色杂斑。

虹膜为褐色,嘴为褐色,脚为褐色,叫声响亮甜美似鸫鸟的鸣声,它的音调可以一直下降至最后三个音复又上升,通常以粗哑的chizz收尾;偶尔也有低哑之声。主要分布在喜马拉雅山脉至中国南部、东南亚及大巽他群岛。

神农架不仅多奇景,出产的动物也别具特色,它就像是一个野生奇异动物的快乐王国。这里拥有大量白色动物和红色动物,在其他地方很难见到。这里还有一些连专家也叫不上名字的怪异动物,到底属于什么种类,还真值得好好研究。

1. 主题教育概述——白色动物之谜

生活在神农架里的白色动物之多,堪称世界森林之首。人们已经在这里发现了白熊、白蛇、白金丝猴、白松鼠、白狼、白蜘蛛、白乌鸦、白麝等20多种白色奇异动物,这些动物在其他地方并不是白色的,可是到了这里就变成白色了。而且这些白色的动物不是一二只,而是成群、成规模地出现。人们不由得对其出现的原因有了兴趣。专家怀疑神农架里存在着一些古老物种,这些白色动物就是它们的后代,只不过在进化过程中,其他特征都发生了变化,唯独保存了古时的毛色。可是白色并不适作保护色,它们为什么会保持了白色的毛皮呢?又有人认为,白色动物其实是一种病态的白化,发生病变的原因或许与神农架里特殊的地质、水貌、气候与环境有关。至于具体是怎么发生这种病变的,专家们也没有找到答案。

2. 主题教育概述——红色动物之谜

除了这些独特的白色动物，神农架里还生活着大量的红色动物。这里盛产金丝猴，据说共有2000多只。它们的"猴王"就是一种通体为红毛的金丝猴。神农架里还有一种红毛飞鼠，长相奇特。它们的脸像狐狸，眼睛像猫，嘴像老鼠，耳朵像兔，脚爪像鸭，尾巴又像松鼠，因而得名"六不像"。它的毛皮是棕红色的，能滑翔，就像闪耀的火焰一般。其他已经被发现的红色动物还有红毛马、红毛猪、红色蝙蝠、红色青蛙、红色大鲵、红蛇、红狐狸等10多种。这些动物不仅具有独特的观赏价值，更值得我们去做一些科学的研究。

3. 主题教育概述——怪兽之谜

除了这些拥有美丽颜色的动物之外，神农架里还有一些没有名字的怪兽。动物学家见了，也不知道它们是什么种类。在石头屋附近的一个深水潭里，就住着这样三只怪兽，其表皮是灰色的，长相像蟾蜍，可体积有蟾蜍的几十倍大。它们长着两只圆鼓鼓的眼睛，特大的嘴巴，前肢是和鸭子一样的蹼，但连着五个粗长的手指，指尖上还有锋利的爪。专家猜测它们可能是某种古生物的后裔，但是也未能断定其祖先究竟是谁。

4. 主题教育概述——怪蛇之谜

20世纪70年代，随一野外动物考察队在神农架森林中考察的胡振林发现了一件离奇的怪事。一天，他在森林中发现有东西趴在一块大石上，走近一看，像是一条蛇。大约17厘米，身体呈暗红色，静静地趴在那儿，一动也不动，看见胡振林，并不逃，似乎不怕人。胡振林禁不住好奇，折了根树枝去捅那东西，看它是否死了。不想，这一捅可就捅出怪事来了。那条"蛇"被胡振林这么一捅，立刻变成了许多小虫子，看起来足足有好几百条，满满地爬在那石块上。可是，过了一会儿，这些小虫竟慢慢地合拢在一起，重新组成了一条蛇，然后慢慢地爬走了。又一天，胡振林正与同事们在一处山岩下进行测量，只听到"叭"的一声响，他们吃了一惊，回头一看，更加惊惧了。一条长几十厘米的"蛇"掉在他们身边，再仔细一看，那条"蛇"竟然已经"摔断"了，分成了四五节，正在地上不断蠕动。更让人惊奇的事还在后头呢！那些断成几截的"蛇"身，不断地扭动，拼命向一处靠拢，而"蛇"头也好像有一股巨大的吸引力，将几节断开的身体吸引过来。然后，就见那分成几截的"蛇"重新组合一番，居然又成为一条活灵活现的"蛇"，飞快地钻入草丛中，眨眼间就不见了。它像是"蛇"，可又像虫，具有神奇的分解组合能力，分解后成虫，组合后又成为"蛇"，很可能是一种未被人们所认识的动物。

5. 主题教育概述——野人之谜

关于"野人"我国已有三千多年的记载，西周时期我国少数民族就有捉拿"野人"向周成王进贡的文献可考。

近年来，中科院曾多次到神农架考察"野人"，发现了"野人"的毛发、粪便、脚印等珍贵资料。"野人"是民间称谓，科学界定为"未知的高等灵长目"，有可能是巨猿的一支。

就目前有关部门收集到的资料表明，在神农架目击到"野人"的次数已达121次。在鄂西北奇异动物科学考察期间，有4名考察队员在考察中两次看到过"野人"。

除史书记载，神农架民间"野人文化"俯拾皆是。细心的游客曾经发现，当地药农上山采药时，均备有两截竹筒戴于双手手腕。据称这是老辈药农的"经验之谈"，手腕戴竹筒上山采药，若遇"野人"袭击，即可在其放松大意时趁机借力逃脱。于是，神农架采药人上山备竹筒的习惯一直沿袭至今。

神农架的"野人之谜"早已经尽人皆知。然而,野人的真面目至今没有展现在人们面前。近几年来,又有多名考察队员和游人目睹了"野人"的存在。但到目前为止,还没有捕获到一个活的"野人",因此神农架"野人"仍是一个谜。

 神农架课程线路推荐

案例五
郧阳恐龙蛋化石群国家地质公园
——恐龙蛋及古生物化石研学的宝地

一、基本情况

"青龙山恐龙蛋化石群"自 1995 年初发现以来,一直受到各级政府的高度重视,在六年的时间里依次建立县级、市级、省级和国家级自然保护区,并于 2005 年正式建立"湖北青龙山恐龙蛋化石群国家地质公园"(见案例图 5-1)。

案例图 5-1　湖北青龙山恐龙蛋化石群国家地质公园

公园建立后成为目前湖北省唯一的古生物化石遗址公园,是重要的古生物化石产地(2015 年)、国家级自然保护区(2001 年批准建立)、国家级地质公园(2005 年批准建立)、国家 3A 级旅游区(2009 年)、全国科普教育基地(2010 年)、国土资源科普基地(2011 年)、湖北省科普教育基地(2009 年),也是中小学生科普教育的重要场所,并于 2018 年授牌成为湖北省中小学生研学实践教育基地和全国中小学生研学实践教育基地。

案例五　郧阳恐龙蛋化石群国家地质公园——恐龙蛋及古生物化石研学的宝地

基地内地质遗迹丰富，记录了地球18亿年间地质构造运动沧海桑田的变迁，特殊的地质和地理位置造就了地质公园境内地貌多姿、江河交融的生态环境。基地的主要地质景观有青龙山恐龙蛋化石群、弥陀寺"郧阳人"遗址、韩家洲江心岛、红寨子五级阶地、土庙岭冲积扇、郧阳断陷盆地。

基地分为科普游览区、综合服务区、观光体验区、生态保护区和地质遗迹区。主要有郧阳地质博物主题广场、恐龙蛋化石地质遗迹长廊遗迹展示园、"白垩纪森林公园"、生态地学科普馆、恐龙游乐园、农耕园等研学点。

科技高度发达的今天，读懂大自然是关系到人类能否生存下去的头等大事，随着地球的生态系统正面临着越来越大的变化，自然与人文科学知识的普及变得越来越重要。基地内的独特资源记录着地球沧海桑田的变迁与生命演化的历程，也记录着郧阳地区人类文明发展的历史，成为青少年认识地球、了解地球、保护环境、尊重生命、唤醒文明的重要科普研学场所。

基地自2018年授牌至今，已成功举办了多次科普教育研学活动："放飞自我——亲近自然"主题研学活动、"探索生命起源"研学活动、"野外大课堂——伴我成长"研学活动、"探索生命起源"研学活动、"做共产主义接班人——红领巾寻访蓝色科技"研学活动等，2018年累计举办活动55场，参与学生13200人次。

二、主要做法

（一）构建独特的地学研学知识体系

基地在研学课程体系的开发中，以郧阳地质博物馆、恐龙蛋化石原位展示馆和恐龙蛋化石剖面长廊三大板块为依托，构建独特的地学研学知识体系，即研学课程围绕"地球、古生物和人类"展开，内容涵盖构造地质学、地史学、地层学、矿物岩石学和古生物学等科学知识，并依据中小学生年龄段和认知能力，梳理出层次不同的知识要素，并将这些知识要素穿插在各个研学活动中，并编成研学手册用以辅助同学们开展活动，从而系统性和进阶性的进行研学。

例如，在"走进中生代"科普教育活动中，研学教材分为小学版和中学版，研学导师讲授的内容也不一样：同样涉及中生代的环境和恐龙的分类、食性、演化过程和灭绝猜想的相关知识，相比小学版的内容，中学版的研学任务更多、研学实践难度更大，而延伸的研学笔记要求调研的内容也更多。

（二）打造"恐龙"为主要特色研学课程体系和路线

基地在研学课程的开发中，根据青少年不同学段的心理特征，利用他们对恐龙这一古生物有着浓烈兴趣的特点，结合园区内丰富的恐龙蛋和恐龙骨骼化石资源，开发了一系列以恐龙为主题的特色课程，这些课程或围绕恐龙讲述地球的故事、地质和环境变迁的相关知识，或以恐龙为背景的小游戏穿插其中，使课程不乏科学性、趣味性、互动性、参与性。例如，在《小小考古家》课程中，学生们分组进行恐龙骨骼化石的模拟挖掘，并组装成为一具完整的恐龙骨架化石，这样既可以使他们掌握恐龙的骨骼结构，又可以让他们在实践过程中收获快乐;在《化石模拟修复课程》中,导师们讲授化石修复的要领后,让学生们也亲自动手实践,修复"恐龙蛋化石",学生们在学到化石修复相关知识的同时也在心中埋下了"科学家"梦想的种子。

(三)提升基地研学配套服务设施和教学场地

1. 郧阳地质博物馆

馆内分为五个展厅:地球厅、恐龙厅、郧阳文化厅、绿松石展销厅、4D影视厅。展出内容包括目前国内外仅有的、从湖北郧阳区梅铺镇李家沟出土的"湖北郧县龙"等7具恐龙化石骨架;形态独特、国内仅有2—3具的库班猪化石骨架;长着长下巴的铲齿象化石骨架;剑齿虎、犀牛等动物的头骨化石,以及郧阳当地出土的不同形态、不同种类、不同大小的成窝恐龙蛋化石。博物馆内设施完善,空间充足,除参观讲解外,还可以安排学生进行《夜宿博物馆》研学课程和相关活动(见案例图5-2)。

案例图 5-2　郧阳地质博物馆及馆内活动的开展

2. 恐龙蛋化石原位展示馆

恐龙蛋化石原位展示馆(见案例图5-3),是目前国内外唯一以原地恐龙蛋化石为展示对象的自然博物馆,建筑面积5000多平方米,展示馆总体采用钢结构,外形看似为一只抬头摆尾的恐龙,神态悠闲,栩栩如生,已经成为当地的一处地标建筑。

馆内共有蛋窝100多窝,蛋化石3000余枚,化石类型10多种。蛋窝大小不一,形态各异。单个蛋化石长径达 20 余厘米,小的长径小于 10 厘米,让人眼花缭乱。是开展恐龙蛋化石科研、教学、科普与观赏的最佳场所。

案例图 5-3　恐龙蛋化石原位展示馆及馆内密集分布的恐龙蛋化石

3. 恐龙蛋化石剖面长廊

恐龙蛋化石剖面长廊(见案例图 5-4),长 100 米,面积达 1300 平方米,共包含了上下 6 层恐龙蛋化石,可供观赏到的恐龙蛋化石有 1000 余枚,一窝 97 个恐龙蛋的世界奇观就保存在这个长廊的中部,在这个国内外唯一可以原地大面积欣赏恐龙蛋化石的胜地内,游客可以尽情饱览恐龙蛋化石的风采。

剖面长廊保护建筑工程设计科学新颖,造型独特,建筑工程内采用了自然通风,以天窗引入有限的漫射光对蛋群进行局部照明,以突出蛋化石的立体感;精心设计了架空栈桥高度和宽度,参观者不仅可以看到长廊内不同类型、不同大小、不同结构、不同形态的蛋窝和蛋化石、不同产蛋地层的变化,还可以近距离体验和感受蛋化石的神奇和奥妙。

4. 教室及 4D 影院

基地融合高科技打造 4D 影院以及白垩纪生态模拟厅,为参观者提供最直观的恐龙时代的生态环境,使人们身临其境,从而更真实地了解恐龙世界(见案例图 5-5)。

案例图 5-4　恐龙蛋化石剖面长廊

案例图 5-5　4D 电影院、白垩纪生态模拟厅

三、课程设置

(一) 教学方式

1. 专家讲座

《走进恐龙时代》恐龙科普专家讲座。

2. 影像教学

观看 4D 影片《小恐龙历险记》、5D 恐龙影片,真实感受恐龙生活的环境,身临其境。

3. 现场教学

(1) 参观郧阳地质博物馆,在地球厅、恐龙厅、郧阳文化厅、绿松石厅、4D 影视厅全方位认识地球历史、生物进化和郧阳文化。

(2) 参观恐龙蛋化石剖面长廊。恐龙蛋化石剖面长廊共包含了上下 6 层恐龙蛋化石,是对恐龙蛋种类、形态进行现场教学的绝佳场所。

(3) 参观恐龙蛋化石原位展示馆。恐龙蛋化石原位展示馆展示了恐龙蛋化石出土的原始环境,在线现场教学的环节中,可以使同学们更好地掌握恐龙蛋化石形成的地质环境和形成原因。

4. 体验教学

公园开发了大量的体验式课程,寓教于乐,让孩子们在快乐中学习科学知识。

(1)《小小考古家》让孩子们扮演一次"考古学家",进行模拟化石挖掘,树立他们成为考古学家的梦想。

(2)《恐龙蛋化石模拟修复》体验,观看真实、已修复好的恐龙蛋化石,讲解化石修复方法及工具,每人动手修复模拟的恐龙蛋化石。

(3)《博物馆露营》自己动手搭帐篷,睡在恐龙脚下,感受一次"博物馆奇妙夜"。

(4)《恐龙谋杀案》游戏,介绍"案情",通过观察馆内的恐龙化石,进行记录和分析,判断其食性,从而找到最终凶手。

(5)《恐龙馆大探索》游戏,分队开展,在博物馆寻找隐藏在任务卡中的宝藏密码,开启博物馆大宝藏,获得神秘奖励。

5. 延伸教学

(1) 掌握车城十堰的地理区位、自然资源状况、产业结构以及"山、水、人、车、蛋"五大特色。

(2) 参观武当山地区丰富的地质遗迹和人文史迹资源,了解武当山古建筑群文化和道教文化。

(3) 来到丹江口水库,亲眼目睹南水北调中线工程水源地,亲自动手进行净水实验,感受淡水资源的珍贵,了解移民搬迁背后的故事。

(4) 参观郧县人展览馆,想象"郧县人"一天的生活,了解人类的起源。

(5) 学习十堰汽车工业的发展史,了解"二汽"选址十堰的历史背景和曲折过程。

(二) 研学课程及线路

园区根据区位因素设计出了一到六日推荐课程以及特色研学旅行课程线路,不同天数的课程用以满足不同的教学需求。

郧阳特色研学旅行课程线路

参考文献 Reference

（按字母顺序排列）

[1] 阿兰·德波顿.旅行的艺术[M].上海:上海译文出版社,2018.

[2] 安树伟,张晋晋.中国经济型连锁酒店区位选择研究[J].河北经贸大学学报,2011(2).

[3] 白长虹,王红玉.以优势行动价值看待研学旅游[J].南开学报(哲学社会科学版),2017(1).

[4] 蔡汀,王义高,祖晶.苏霍姆林斯基选集[M].北京:教育科学出版社,2001.

[5] 曹诗图.旅游哲学引论[M].天津:南开大学出版社,2008.

[6] 查尔斯.K.布赖特比尔,托尼.A.莫布莱.休闲教育的当代价值[M].北京:中国经济出版社,2009.

[7] 郭元祥.综合实践活动课程与教学论[M].北京:人民教育出版社,2013.

[8] 黄进.游戏精神与幼儿教育[M].南京:江苏教育出版社,2006.

[9] 蒋倩.校外教育课程建设研究[M].上海:上海教育出版社,2016.

[10] 拉尔夫·泰勒.罗康,张阅,译.课程与教学的基本原理[M].北京:中国轻工业出版社,2014.

[11] 卢梭.爱弥儿[M].彭正梅,译.上海:上海人民出版社,2011.

[12] 刘苍劲.现代素质教育论[M].武汉:华中师范大学出版社,2007.

[13] 陆庆祥,程迟.研学旅行的理论基础与实施策略研究[J].湖北理工学院学报(人文社科版),2017(2).

[14] 李化华.欧美劳作教育思想史[M].郑州:河南人民出版社,2016.

[15] 李军.近五年来国内研学旅行研究述评[J].北京教育学院学报,2017(6).

[16] 彭其斌.研学旅行课程概论[M].济南:山东教育出版社,2019.

[17] 钱贵晴.综合实践活动课程与教学论[M].北京:首都师范大学出版社,2004.

[18] 任唤麟,马小桐.培根旅游观及其对研学旅游的启示[J].旅游学刊,2018(9).

[19] 孙月飞,朱嘉奇,杨卫晶.解码研学旅行[M].湖南:湖南教育出版社,2019.

[20] 单中惠.西方教育思想史[M].北京:教育科学出版社,2017.

[21] 陶行知.陶行知谈教育[M].沈阳:辽宁人民出版社,2015.

[22] 万伟.课程的力量[M].上海:华东师范大学出版社,2017.

[23] 王晓燕,韩新.研学旅行来了[M].西安:陕西人民教育出版社,2019.

[24] 王晓燕.研学旅行的基本内涵和核心要义——《关于推进中小学生研学旅行的意见》读解[J].中小学德育,2017(9).

[25] 王晓燕.研学旅行:让学生的身体与心灵——充分发挥研学旅行在立德树人中的重要作用[J].人民教育,2017(23).

[26] 王晓燕.尽快补齐实践育人短板　彰显实践教育独特价值[J].中小学管理,2018(10).

[27] 谢长法.中国教育史[M].重庆:西南师范大学出版社,2012.

[28] 约翰·杜威.学校与社会,明日之学校[M].赵祥麟,任钟印,吴志宏,译.北京:人民教育出版社,2008.

[29] 朱汉民.书院精神与儒家教育[M].上海:华东师范大学出版社,2013.

[30] 周浩波.教育哲学[M].北京:人民教育出版社,2019.

[31] 祝胜华,何永生.研学旅行课程体系探索与践行[M].武汉:华中科技大学出版社,2018.

附录
Appendix

附录1:教育部等11部门《关于推进中小学生研学旅行的意见》
链接:http://www.gov.cn/xinwen/2016-12/19/content_5149947.htm.
附录2:《研学旅行服务规范》(LB/T054-2016)
链接:http://zwgk.mct.gov.cn/auto255/201701/t20170110_832384.html? keywords=.
附录3:《中小学综合实践活动课程指导纲要》
链接:http://www.gov.cn/xinwen/2017-10/30/content_5235316.htm.

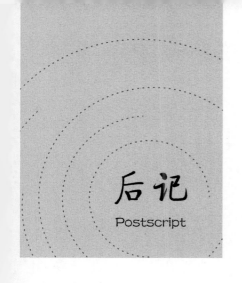

后记
Postscript

为了进一步推进研学旅行活动的健康有序开展，真正让研学旅行"进课堂、进大脑、进教材"，为研学旅行实施提供具有专业性、针对性、实操性以及政策性强的通俗易懂的教材，我们组织业界专家、学者编写了《研学旅行实用教程》一书。

《研学旅行实用教程》全书由薛兵旺、杨崇君和官振强任主编。《研学旅行实用教程》分为3大部分，即基础篇、运行篇、案例篇，全书共有9章和5个典型案例。其中，陆庆祥编写了"第一章 研学旅行理论基础"和"第三章 研学旅行国内外现状分析"；薛兵旺编写了"第二章 研学旅行概述"；程艳编写了"第四章 研学旅行课程及设计思路"和"第五章 研学旅行课程开发与评价"；张千红编写了"第六章 研学旅行服务机构"；杨崇君编写了"第七章 研学旅行基地、营地的建设与管理"；薛红编写了"第八章 研学旅行导师内涵与培养路径"；王琈编写了"第九章 研学旅行的安全管理"。另刘亚玲编写了"案例一：红旗渠——研学旅行别样红"；官振强编写了"案例二：东方绿舟——素质教育扬帆起航"；李婷编写了"案例三：黄山风景区——研学旅行走进名山大川"；胡璟编写了"案例四：神农架——动植物生态博物馆"；周耀进编写了"案例五：郧阳恐龙蛋化石群国家地质公园——恐龙蛋及古生物化石研学的宝地"。

感谢华中科技大学出版社、红旗渠风景区官网、东方绿舟官网以及提供参考文献的单位和个人在本书编辑出版过程中给予的支持。由于编写时间有限，书中存在一定的不足之处，敬请领导、专家、同行批评指正和谅解。

编委会
2019年11月

教学支持说明

为了改善教学效果,提高教材的使用效率,满足高校授课教师的教学需求,本教材备有与纸质教材配套的教学课件(PPT 电子教案)和拓展资源(案例库、习题库、视频等)。

为保证本教学课件及相关教学资料仅为教材使用者所得,我们将向使用本套教材的高校授课教师免费赠送教学课件或者相关教学资料,烦请授课教师通过电话、邮件或加入旅游专家俱乐部 QQ 群等方式与我们联系,获取"教学课件资源申请表"文档并认真准确填写后发给我们,我们的联系方式如下:

地址:湖北省武汉市东湖新技术开发区华工科技园华工园六路

邮编:430223

电话:027-81321911

传真:027-81321917

E-mail:lyzjjlb@163.com

旅游专家俱乐部 QQ 群号:306110199

旅游专家俱乐部 QQ 群二维码:

群名称:旅游专家俱乐部
群　号:306110199

教学课件资源申请表

填表时间：_____年___月___日

1. 以下内容请教师按实际情况填写，★为必填项。
2. 学生根据个人情况如实填写，相关内容可以酌情调整提交。

★姓名		★性别	□男 □女	出生年月		★职务			
						★职称	□教授 □副教授 □讲师 □助教		

★学校		★院/系	
★教研室		★专业	
★办公电话		家庭电话		★移动电话	
★E-mail（请填写清晰）		★QQ号/微信号	
★联系地址		★邮编	

★现在主授课程情况	学生人数	教材所属出版社	教材满意度
课程一			□满意 □一般 □不满意
课程二			□满意 □一般 □不满意
课程三			□满意 □一般 □不满意
其 他			□满意 □一般 □不满意

教 材 出 版 信 息					
方向一	□准备写	□写作中	□已成稿	□已出版待修订	□有讲义
方向二	□准备写	□写作中	□已成稿	□已出版待修订	□有讲义
方向三	□准备写	□写作中	□已成稿	□已出版待修订	□有讲义

请教师认真填写表格下列内容，提供索取课件配套教材的相关信息，我社根据每位教师/学生填表信息的完整性、授课情况与索取课件的相关性，以及教材使用的情况赠送教材的配套课件及相关教学资源。

ISBN（书号）	书名	作者	索取课件简要说明	学生人数（如选作教材）
			□教学 □参考	
			□教学 □参考	

★您对与课件配套的纸质教材的意见和建议，希望提供哪些配套教学资源：